学无定法

漫画版

拿来就用的25种高效学习法

刘一霸 编著

陕西新华出版
太白文艺出版社·西安

图书在版编目（CIP）数据

学无定法：拿来就用的25种高效学习法：漫画版 / 刘一霸编著. -- 西安：太白文艺出版社，2025.5.
ISBN 978-7-5513-2961-3

Ⅰ．G442

中国国家版本馆CIP数据核字第2025A90B05号

学无定法：拿来就用的25种高效学习法（漫画版）
XUE WU DINGFA:NALAI JIU YONG DE 25 ZHONG GAOXIAO XUEXI FA（MANHUA BAN）

作　　者	刘一霸
责任编辑	熊　菁
出版发行	太白文艺出版社
经　　销	新华书店
印　　刷	三河市金兆印刷装订有限公司
开　　本	710mm×1000mm　1/16
字　　数	120千字
印　　张	10
版　　次	2025年5月第1版
印　　次	2025年5月第1次印刷
书　　号	ISBN 978-7-5513-2961-3
定　　价	59.80元

版权所有　翻印必究
如有印装质量问题，可寄出版社印制部调换
联系电话：029-81206800
出版社地址：西安市曲江新区登高路1388号（邮编：710061）
营销中心电话：029-87277748　029-87217872

人物介绍

大眼睛

性格开朗的行动派,有点偏科,但在擅长的科目上可是个小学霸。喜欢琢磨问题,一旦对某个事物产生兴趣就会立即采取行动,常常能从日常小事中总结出让人深思的道理。

阿动

活力充沛,表现欲强,脑袋里装满了"鬼点子"。喜欢热闹,反应特别快,最爱上体育课。

小耳朵

性格温和,有点不自信,不善表达,但在学习上一直默默地努力。可能还没找到适合自己的学习方法,所以成绩不太理想。

人物介绍

阿洛

聪明伶俐,性格直爽,经常给学弟学妹们分享自己的学习小窍门。

学到老博士

暖心老师,无论哪个同学遇到了困难,他总是第一个站出来帮忙。同学们每次有问题找他,他都能给出最中肯、最实用的建议。

目录

第一章 主动有方法
重塑思维模式，让成长破圈

1 没经过思考的勤，就是拙上加拙 …………… 3

2 一"技"在手，事半功倍 …………………… 9

3 多问几个为什么，就多几分把握 …………… 15

4 是什么拉开了你与他人的差距 ……………… 21

第二章 规划有方法
抓住本质，把控全局

1 目标不合理，等于没目标 …………………… 29

2 急于求成，往往一事无成 …………………… 37

3 准备不是临时抱佛脚 ………………………… 43

4 别让无效计划拖累你 ………………………… 49

第三章 执行有方法
提升行动效能，终结拖延症

1 有效使用每一点脑力 ………………………… 59

2 追求良好胜过苛求完美 …………………………… 67

3 偏科要不得，谨防弱科拖后腿 …………………… 73

4 让学习效率翻倍叠加 ……………………………… 81

第四章 记忆有方法
与遗忘作斗争，告别记不住

1 快速记忆你也行 …………………………………… 93

2 用笔记打通记忆堵点 ……………………………… 101

3 赢在起跑线的思维训练 …………………………… 107

4 拒绝死记硬背，摆脱无效学习 …………………… 115

5 高效阅读"五步走"，不再读完就忘 ……… 121

第五章 放松有方法
破解行为密码，增强自控力

1 让"三分钟热度"持续升温 ……………………… 131

2 关键时刻不要输在心态上 ………………………… 139

3 期望和赞美能产生奇迹 …………………………… 145

4 培养成长型思维，跨越"不可能" ……………… 151

第一章

主动有方法

重塑思维模式,让成长破圈

懒惰像生锈一样，比操劳更能消耗身体；经常用的钥匙，总是亮闪闪的。
——富兰克林

1 没经过思考的勤,就是拙上加拙

见招拆招

思维懒惰是低质量勤奋的根源之一,而低质量勤奋则是思维懒惰在行动层面的直接体现。低质量勤奋就是用战术上的勤奋掩盖战略上的懒惰——表面上刻苦,实际上却回避了真正需要解决的问题和学习中最有价值的部分。孔子曰:"学而不思则罔,思而不学则殆。"懒于思考是一种坏习惯,会严重影响学习能力,耽误学习。

破 识别思维懒惰

- 上课一听就懂,其实没真懂。
- 看书一看就会,其实没真会。
- 题目拿来就做,压根不审题。
- 做完题就不管,压根不检查。
- 发现做错题,都归结于粗心。

攻 告别低质量勤奋

- 创造空闲,让自己有时间思考。排得满满当当的日程表让自己以为很充实,但这种充实在不知不觉中削弱了我们的思维能力。

- 创造思想流动,让思维多样化。一个问题只由一个人思考,解决的方案总是有限的;若是以头脑风暴的形式,每人提出一种解决方案,就会有很多种解决方案。

- 切断机械思考,跳出困局。如果努力了很久都没有任何进步,不如停下来,用心思考,找到徒劳无功的根源。

方法藏在故事里

在加利福尼亚的一个小镇上，住着一位对文学充满热爱的青年，他梦想着有朝一日能成为文坛上的璀璨明星。每天，从晨光破晓到夜幕低垂，他总是与书桌和纸笔为伴，沉浸在创作中，孜孜不倦。然而，尽管付出了很多心血，他的作品始终无人欣赏，这让他感到困惑与挫败。一日，闷闷不乐的他走到教堂，对神父说："神父，我日复一日地埋头写作，为何我的作品却似乎永远无法触动人心？"青年的声音里满是迷茫。

神父微笑着问道："孩子，你每日的生活是如何安排的呢？"

青年想了想，回答道："天微微亮，我便开始写作；午后，阳光斑驳，我依然笔耕不辍；夜幕降临，我仍不舍得放下笔。除了吃饭、睡觉，我将所有的时间都献给了我的作品。"

神父闻言，轻轻摇了摇头，轻声说道："孩子，你的努力与坚持令人钦佩，但在创作的过程中，你是否有足够的时间去思考呢？去思考你的故事为何而写，去思考人物的情感与命运，去思考如何让每一个字句都充满生命力？"

青年愣住了，他从未如此思考过。神父继续说："真正的创作，不仅仅是文字的堆砌，更是心灵的碰撞与真情的流露。没有深思熟虑，没有情感的投入与共鸣，再多的文字也只是空洞的堆砌。所以，你需要的是思考。"

青年恍然大悟，他意识到自己的勤奋或许只是形式上的，而缺失了最为关键的思考与领悟。他向神父深深鞠了一躬，心中充满了感激与新的动力。摆脱低质量的勤奋，养成思考的习惯，才是人生进阶的第一步。

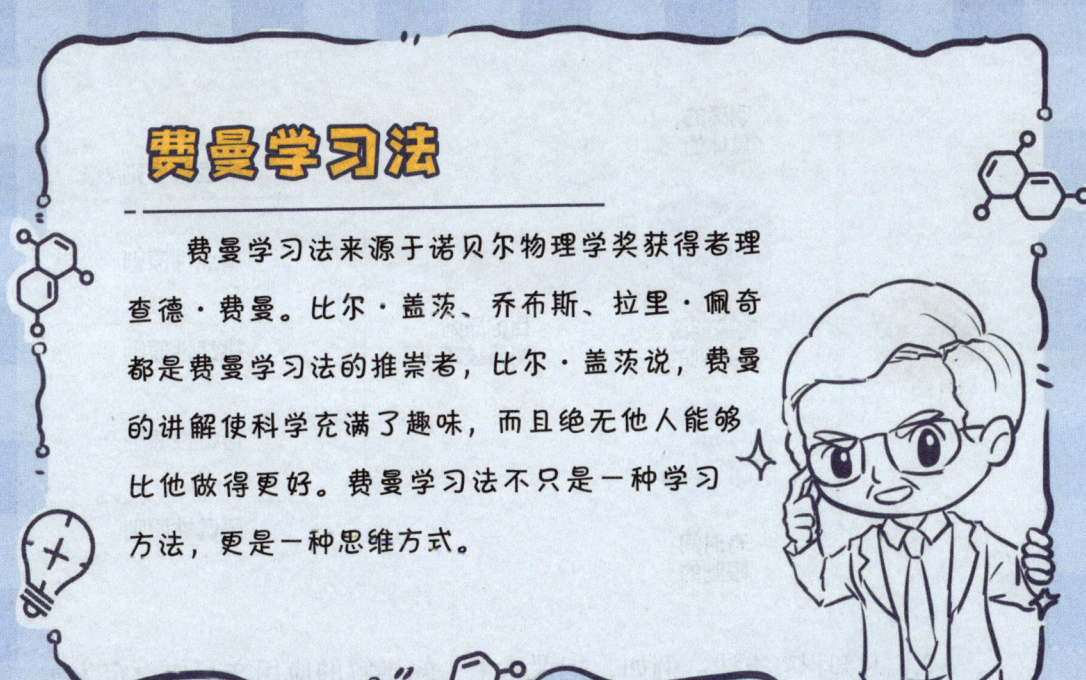

费曼学习法

费曼学习法来源于诺贝尔物理学奖获得者理查德·费曼。比尔·盖茨、乔布斯、拉里·佩奇都是费曼学习法的推崇者,比尔·盖茨说,费曼的讲解使科学充满了趣味,而且绝无他人能够比他做得更好。费曼学习法不只是一种学习方法,更是一种思维方式。

学霸绝招大放送

费曼学习法的精髓在于通过教授他人来加深自己对知识的理解。这种方法强调将复杂的概念简化,并用简单易懂的语言表达出来,即以输出倒逼输入。通过这种方式,学习者可以发现自己对知识理解的漏洞并及时纠正,从而达到深入学习和巩固记忆的目的。

费曼学习五步走:
确定目标——消化——输出——回顾与反思——简化与吸收

1.确定目标有讲究。如果学习目标出现了偏差,那么再怎么努力也是徒劳的。因此,确定学习目标要遵循的原则是"耗时少且能够达成"。

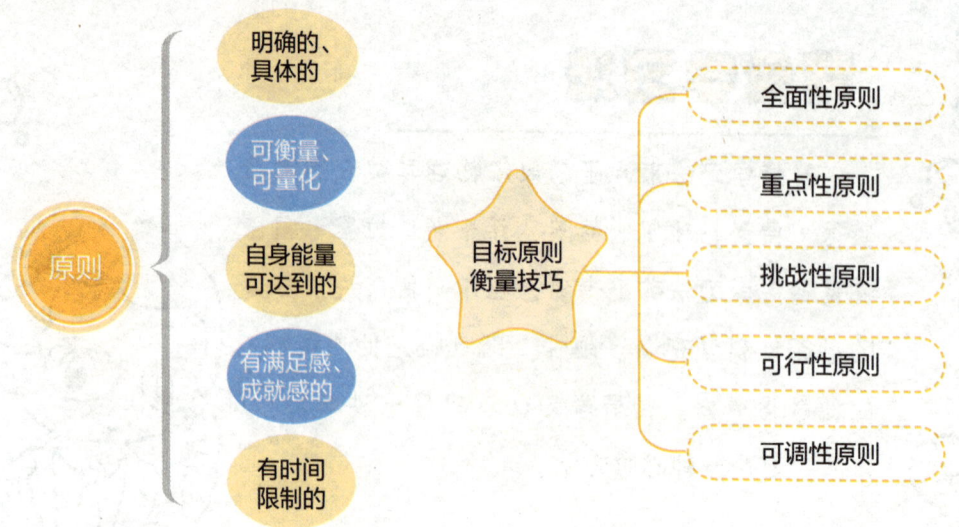

2.消化知识有方法。例如，把课堂上一知半解的应用文写作设定为学习目标，就要在学习过程中系统了解写作格式、写作技巧等相关知识，逐一吃透。

3.用输出带动输入。以教促学，盘活已学知识。用输出的方式去验证自己是否真的已经掌握了学习目标，就像老师在备课后才在课堂上传授知识。备课的过程就是变被动为主动的过程。把自己想象成即将走上讲台的老师，认真梳理要传授的知识，划分难点和重点，预测听课者会提出哪些问题并做好笔记和标注，积极地整理、归纳和提炼所学知识，以便能够清晰地传达给他人。

4.回顾与反思是关键。从学习知识到转化知识，先从自身找原因，查找不足；再对学习质量进行分析，发现知识盲区，从而实现最大限度地记住"有用的知识"。

5.简化与吸收，让知识从复杂回归简单。学习的目的是将有用的知识转化为自己的知识，形成自己的知识体系。完成前面的步骤后，尝试用更简单的语言或者图形化的方式再次解释所学知识。如果你能够简洁明了地表达出来，那就说明你已经深入地理解并掌握了这些知识。

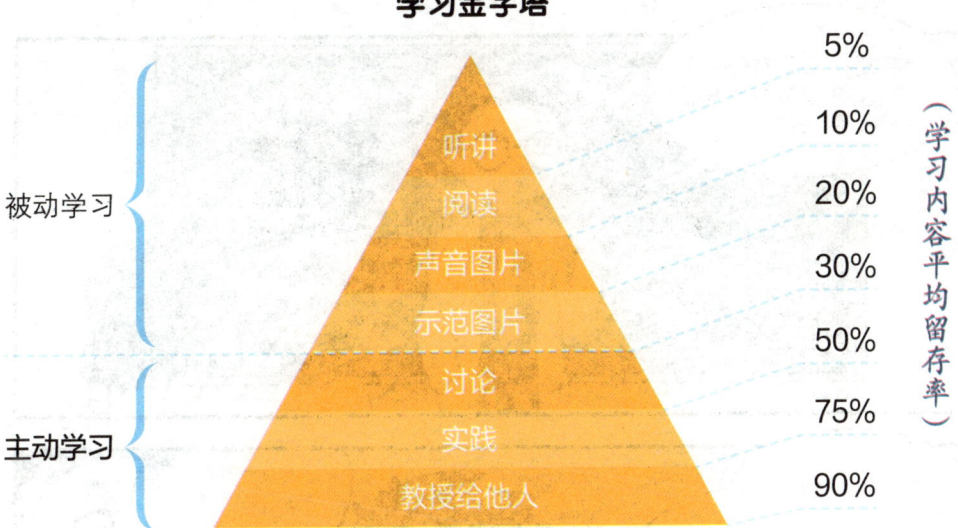

费曼学习法的核心是"以输出倒逼输入"。为了输出，你会主动获取知识，这就是变被动为主动的过程。它不仅重新定义了学习，也对我们的思维模式进行了深度改造。

费曼学习法 应用建议

1. 费曼学习法是把一个复杂的事物搞明白后，能用自己的话简单地解释并归纳总结的方法。

2. 不要半途而废，在输出时，吞吞吐吐容易导致自我放弃或被他人打断。

3. 要从感兴趣的事物入手，先兴趣学习，后学科学习。

4. 知识输出不是只有口头讲述，还有其他方式，如写出来，画出来，表演出来，等等。

兴趣是最好的老师。

——爱因斯坦

2 一"技"在手,事半功倍

见招拆招

兴趣是一种有选择地、愉快地探求知识,并带有情绪体验的意识倾向。它对我们的学习有着神奇的内在驱动作用,能变无效为有效,化低效为高效。兴趣会促使我们孜孜不倦地去追求和研究自己喜欢的事物,进而获得重要的发现和成就。兴趣并不是生来就有的,而是要靠后天的培养。所以当你对某些事物有了兴趣,只要是有益的,就不要轻易放弃,要好好保护这颗宝贵的"种子"。

破 发现兴趣爱好

- 广泛尝试与体验。
- 留心自己的偏好。
- 倾听内心的声音。

攻 发展优势特长

- 明确自己的兴趣爱好是什么,然后尝试将兴趣爱好和学习内容相结合,如喜欢绘画,就可以尝试用图画来记笔记。
- 找到兴趣爱好与学习内容的结合点,制定一个可实施、可完成的学习计划。
- 保持对兴趣的热爱和对学习的坚持,按照计划逐步实践;发现问题或遇到瓶颈时要及时调整学习方法。

方法藏在故事里

丁肇中出生在美国密歇根州安娜堡市，祖籍山东日照。他在12岁前都没有接受过完整的学校教育，主要由父母在家中教育。

丁肇中自小便对科学产生了浓厚的兴趣。这种兴趣不仅驱使他深入探索物理学的奥秘，还成为他科研道路上不竭的动力。他曾表示，兴趣是最好的老师，科学实验是自己一辈子最重要的事情。这种对科学的热爱和追求，使他在面对科研难题时能够坚持不懈，勇敢前行。

丁肇中的科研方向深受其兴趣的影响。他选择的研究课题往往是他内心最为热衷探索的领域。这种由兴趣引导的研究路径，让他的科研成果更加具有创新性和前瞻性。同时，他也积极倡导跨学科合作，与全球顶尖科学家携手并进，共同攻克科研难题。这种开放包容的合作态度，正是他兴趣广泛、视野开阔的体现。在丁肇中的身上，我们可以看到兴趣如何塑造了一个科学家的品质与人格。他对待科研工作严谨认真，对待学生和同事则充满关爱与尊重。这种积极向上的精神风貌，正是他对科学无尽热爱的真实写照。

此外，丁肇中还积极关注社会问题，利用自己的专业知识和影响力，推动科学普及和教育事业的发展，为培养更多年轻科学家和科技人才贡献力量。他的这种社会责任感，同样源自他对科学的浓厚兴趣和无限热爱。

在兴趣的引领下，丁肇中在科学的道路上不断前行，勇攀高峰，最终成为全球科学界的一颗璀璨明星。

WOOP思维

WOOP思维是加布里埃尔·厄廷根基于20多年研究提出的科学心理策略，我们可以用它来寻找和实现愿望、设定喜好、改变习惯。WOOP由4个单词的首字母组成：Wish（愿望）、Outcome（结果）、Obstacle（障碍）、Plan（计划）。不论你是应对棘手的问题，还是想有所改变、有所发现、有所成就，WOOP思维都将让你拥有持续的行动力，直至实现梦想。

学霸绝招大放送

WOOP思维具体由心理对比和执行意图两种心理学思维组成。心理对比和执行意图相互补充，相辅相成。

心理对比，就是将梦想与现实连接。当你为梦想牵肠挂肚时，你的潜意识会帮你搜集诸多实现梦想的现实障碍，对梦想的渴望和现实的障碍会让你积极高效地实现梦想。

执行意图，就是为实现某个目标而制定的计划。心理对比在大脑中将梦想与现实连接，并做好应急准备。当障碍出现时，执行意图开始发挥作用，让我们准确地投入精力，根据预先制定的计划去应对障碍。

W	愿望	闭上眼睛想象一个令你牵肠挂肚的愿望或心事。
O	结果	继续想象愿望实现后的美好场景或心事解决后的最佳结果。
O	障碍	愿望实现并不是一帆风顺的。想一下，在愿望实现的过程中会出现什么障碍，又是什么引起了这些障碍的发生。最好找出这些障碍，它们可以是具体的，也可以是抽象的；可以是行为的，也可以是观念的。
P	计划	要克服障碍，你会怎么做？想出一个最有效的方法。根据障碍的具体情况，制定一个"如果A，那么B"的计划。

如何将WOOP思维更好地运用到我们的学习和生活中呢？下面的例子会告诉你答案。

北北的WOOP思维

愿　望　考试取得好成绩

结　果　参加聚会，考试取得好成绩

障　碍　浪费复习时间，影响考试状态

计　划　克服/预防/抓住机会

如　果　考试和聚会同样重要

那么我就　早点去参加聚会，提前离开

莉莉的WOOP思维

愿　望　参加聚会

结　果　考试无所谓，参加聚会

障　碍　无

计　划　克服/预防/抓住机会

如　果　考试不重要

那么我就　愉快地参加聚会

心理对比就是我们在心里比较事情的好坏。对北北来说，他觉得现实的困难让自己陷入选择，让他不开心或难以实现愿望；但对莉莉来说，摆在面前的不是困难，她可以轻松地做出选择。这是因为心理对比悄悄改变了我们的想法，让我们要么更靠近愿望，要么远离愿望。

执行意图就是给自己定个小计划，分两步走，先想想能不能做到，然后决定要怎么做，如"如果我紧张，那么我就先走开"。这样的小计划能帮我们将想做的事情付诸行动，不受别的因素影响，还能改掉坏习惯。

为什么"如果A，那么B"能让我们做得更好呢？因为它和心理对比一样，为了实现愿望，总要付诸行动。当我们定好计划时，大脑就像已经玩过一遍游戏，知道哪里有难关，哪里有机会，所以我们就能有所准备，做得更好啦！

WOOP思维 应用建议

1. 在WOOP思维的"障碍"阶段，运用"五问法"精准识别障碍，即对一个问题连续多次追问"为什么"，直到找到真正的障碍。

2. 在WOOP思维的"计划"阶段，根据已识别的障碍，匹配最合适的策略。执行意图具有多样性：情景应对、优先设定、提前准备、情感激励。不同的障碍要运用不同的执行意图。

3. 在执行计划的过程中，应建立有效的反馈机制，持续监控自己的进展和遇到的挑战。

漫绘时刻

不知则问，不能则学。

——荀子

3 多问几个为什么，就多几分把握

见招拆招

学起于思，思起于疑，疑解于问。不懂就问、有疑就问是一种积极主动的学习态度。当我们在学习中遇到了难题，首先要独立思考；实在解答不出的，我们可以向他人请教，寻求别人的指点和帮助，避免走弯路。记住，请教后要总结和反思，这样才能真正得到提高。

破 识别被动状态

- 懒惰，怕麻烦。
- 一道题不会没关系。
- 问别人问题很没面子。

攻 突破固有防线

- 跳出思维定式，激发好奇心。强大的好奇心可以促使我们跳出原有思维，主动求知。

- 以结果为导向。明确提问的目的，知道自己的疑问是什么。如果解决了疑问，要思考是不是给自己带来了能力上的提升或其他收获。

- 克服害羞心理，寻找合适的请教对象，如老师、家长、同学等。请教后要积极反馈，表达感谢。

方法藏在故事里

孙中山自小勤学好问。在私塾读书的日子里，他并不像其他同学那样只是机械地背诵课文，而是对书中的内容充满了好奇和疑问。

一天，孙中山像往常一样来到学校，将书本放在先生面前，流利地背诵出前一天所学的功课。先生听后连连点头，表示满意。然而，这并没有让孙中山满足，因为他发现，尽管自己能够熟练地背诵课文，但对书中的意思却一无所知。这种糊里糊涂的背诵方式让他深感困惑。

于是，在先生又为大家圈定了一段新的课文并要求背诵时，孙中山鼓起勇气向先生提出了自己的疑问。他的声音虽然有些颤抖，但语气坚定："先生，您刚才让我背的这段书是什么意思？请您给我讲讲吧！"这一问，让整个课堂瞬间鸦雀无声。

面对孙中山的提问，先生显得有些惊讶和不满，他拿起戒尺，走到孙中山面前，厉声问道："你会背了吗？"孙中山毫不犹豫地回答："会背了。"接着，便将那段课文一字不落地背了出来。看到孙中山确实已经背会了课文，先生的态度有所缓和。他收起戒尺，摆摆手让孙中山坐下，开始为大家解释课文的含义。在先生的详细讲解下，同学们终于明白了课文的真正含义。课后，有同学问孙中山："你向先生提出问题，不怕挨打吗？"孙中山笑着回答："学问学问，不懂就要问。为了弄清楚道理，就是挨打也值得。"

在学习过程中，我们也应该像孙中山一样坚定信念，敢于提问，勇于探索未知领域。只有这样，我们才能真正掌握知识、提高能力并不断进步。

好奇心学习法

好奇心学习法是一种通过保持好奇心和求知欲，主动探索和发现新知识的学习方法。这种方法鼓励学习者像孩子一样，不断提出"为什么"，然后主动寻找答案。因此，好奇心学习法不仅是一种学习方法，也是一种生活态度。保持对世界的好奇心，从而激发内在的学习动力。

学霸绝招大放送

好奇心是我们与生俱来的本领，也是我们内在的驱动力。爱因斯坦曾说过："我没有特殊的才能，只有强烈的好奇心。"那么，如何保持好奇心并利用它来促进主动学习呢？

培养广泛的兴趣爱好是保持好奇心的重要途径。兴趣是好奇心的源泉。通过接触不同的事物，我们可以不断发现新的兴趣点，从而激发好奇心。例如，可以阅读不同类型的书籍，从文学、历史，到科学、哲学，拓宽自己的知识面。在这个过程中，新的有趣的主题和问题，会激发我们进一步探索的欲望。广泛的兴趣不仅能丰富知识储备，还能为跨学科学习搭建桥梁，使学习变得更加灵活且富有创新性。

设立明确目标和勇于挑战是保持好奇心的有效方法。明确的目标可以为学习提供方向和动力,适当的挑战能够激发好奇心和求知欲。设立目标时,可以根据自己的兴趣和能力,制定一些具体且具有挑战性的学习任务。例如,如果你对写作感兴趣,可以设定一个目标,在规定时间内掌握一种写作手法。在这个过程中,你会遇到各种问题和困难,它们会激发你的好奇心,促使你主动寻找解决办法。

保持积极开放的心态是保持好奇心的关键。好奇心往往来自对未知的开放态度和对新事物的积极探索。在学习过程中,保持开放的心态,愿意接受新观点、新知识和新方法,可以不断激发好奇心。例如,在课堂上,不是只满足于老师讲解的内容,而是积极提问,还要思考这些结论是如何得出的,有没有其他可能的解释。

善于提问和思考是激发好奇心的核心。通过不断提问,可以深入探究问题的本质,拓展思维的广度和深度,进而促进学习。例如,在学习一个新概念时,可以问自己:这个概念是如何产生的?它有什么应用?有没有其他类似的概念?这些问题不仅能帮助我们加深理解,还能引导我们进行更广泛的知识探索。

我们能轻松记住自己感兴趣的事情,却很难记住不喜欢的事情。这是为什么?

当我们对事物产生好奇时,大脑会产生一种叫"θ波"的脑电波。当θ波出现时,即使对海马体的刺激次数很少,也能实现长时间增强作用。相反,当我们对事物丧失兴趣时,θ波就会消失。

总结: 研究发现,当θ波出现,人记忆事情时可以对海马体减少80%~90%的刺激,也就是说,保持好奇心学习与普通状态学习相比,所花精力是1:10。时刻保持好奇心,就像给学习注入了营养素,让我们学得快乐,记得轻松。

良好的自我管理和时间管理能力是保持好奇心的前提。主动学习意味着需要自我驱动、自我规划和自我监督，这些都离不开良好的自我管理。例如，可以制定合理的学习计划，确保有足够的时间和精力来学习。同时，管理好自己的注意力，避免被外界干扰，从而提高学习效率。

实践好奇心学习法

寻找动机　在学习之前，认识到学习带来的价值，从而产生学习的动机。这种动机可以是外在的，如获得老师的赞扬；也可以是内在的，如个人兴趣。

设立目标　将长期、模糊的学习目标细分为具体、可测量、可操作的目标。例如，将通过英语期末测试设为长期目标，并将其细化为每周完成一定数量的阅读理解和听力练习。

检测成果　通过反复练习来逐步完成学习目标，并通过自我反思检测学习成果。这一过程有助于了解是否需要根据实际情况调整阶段目标，从而完成整体目标。

形成关联　将新学到的技能或知识概念纳入原有的知识体系，与之前的知识形成关联，使知识系统化。

好奇心学习法 应用建议

1. 不要害怕提出问题。
2. 离开舒适区，尝试新的体验。
3. 通过书籍、在线资源等拓宽知识面。
4. 与思维开放、乐于分享想法的人相处，可以激发更多的好奇心和创造力。

漫绘时刻

学习要有"三心"：一信心，二决心，三恒心。

——陈景润

4 是什么拉开了你与他人的差距

见招拆招

当你正准备做一件事时,旁边突然出现一个人对你指手画脚,告诉你这件事该怎么做,怎样才能做好……此时,你是什么心情?是不是很烦躁?原有的兴致也烟消云散,好像这件事并不是为自己而做,索性就不做了。我们都不喜欢被动做事,只有主动做事,才会让我们心情愉悦;只有认真对待,效率才会翻倍。学习也是一样的,我们应当为自己而学,养成积极主动的习惯,才能走得更远。

破 识别被动依赖

- 不信任自己的感受和判断。
- 没人盯着就不学。
- 作业能拖则拖、敷衍了事。
- 明天做和后天做都是一样的。
- 遇到小困难或挫折时就放弃。

攻 告别被动依赖

- 调整心态,无论是学习还是生活,心态都是非常重要的。
- 把别人想要变成"我想要",细化目标,目标越容易实现,主动性越强。
- 树立一个好的榜样,可以唤醒内在动力,激发学习热情。

方法藏在故事里

聂海胜，一个出身贫寒的放牛娃，自幼怀揣着对军营和飞行的无限向往。每当看到天空中翱翔的飞机，他心中的飞行梦便更加坚定。

为了这个梦想，聂海胜刻苦学习，克服重重困难，珍惜一切可以利用的时间学习。高中时期，他边打工边学习，用汗水和努力书写着自己的青春篇章，用优异的成绩为自己赢得了改变命运的机会。

机会终于来了，空军招飞！聂海胜毫不犹豫地报了名。经过层层筛选和严格考核，他成功入选，并凭借着出色的表现和顽强的毅力，迅速成长为一名优秀的飞行员。然而，他并未止步于此。

中国航天事业的发展给了聂海胜第二次机会。他知道这是一次难得的机会，也是对自己多年努力和坚持的最好证明。经过激烈的竞争和严格的选拔，他成功入选中国首批航天员。接下来的日子，聂海胜经历了更加艰苦的训练和考验。他不仅要学习复杂的飞船操作技术，还要进行高强度的体能训练和心理素质训练。但这一切都没有难倒他，反而激发了他的斗志和热情，坚定了他为航天事业贡献力量的决心。

终于，聂海胜在执行神舟六号飞行任务时，实现了太空梦。在太空中，他俯瞰着祖国的大好河山，心中充满了无比的自豪和荣耀。他知道，这一刻的辉煌背后凝聚着无数人的心血和汗水，也离不开自己内心那份坚定的信念和不懈的追求。

聂海胜的故事告诉我们：只要有梦想、有信念、有努力，就没有什么是不可能的。他用自己的实际行动诠释了内驱力的价值，最终成为无数人心中的榜样。

西蒙学习法

西蒙学习法又称"锥子学习法",是诺贝尔经济学奖获得者赫伯特·西蒙教授提出的一种学习方法:对于一个有一定基础的人来说,只要肯下功夫,在6个月内就可以掌握任何一门学问。其原理是集中力量学习知识,就像一把锥子一样,在一个受力点持续发力。

学霸绝招大放送

西蒙学习法
=
积极的学习动机 × 有效的学习方法 × 必要的时间投入

成果 = 力量 × 方向 × 时间

当我们把精力专注在一个领域,朝着一个方向努力,持续地投入时间,就会获得我们想要的结果。就像烧一壶开水,如果断断续续烧,1小时也烧不开;如果连续烧,10分钟左右就够了。

正如居里夫人所说，知识的专一性像锥尖，精力的集中好比是锥子的作用力，时间的连续性好比是不停顿地使锥子往前钻进。西蒙学习法所支配的学习活动，呈现出一种尖锐猛烈、持续不断的态势。集中时间学习一门学问，不仅可以减少由一种学问到另一种学问的时间损失，还可以减少回忆所需时间和加快进入这门学问的速度。理解度的增加可以加快后期的学习速度。

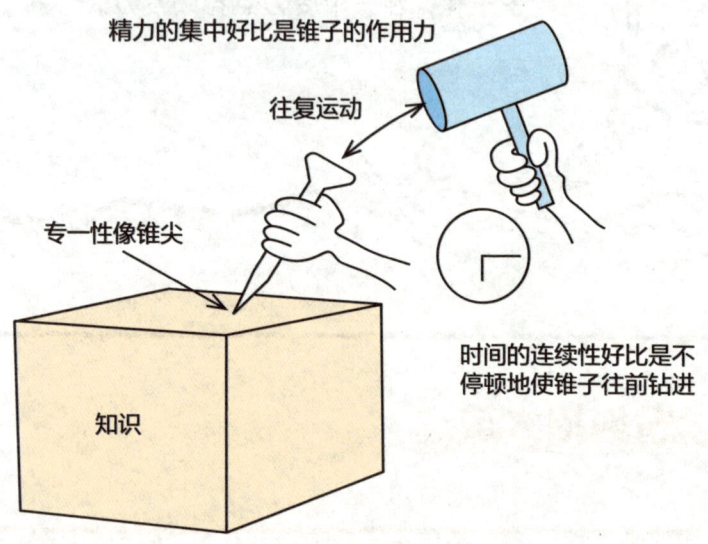

西蒙学习法的知识增长是一种优势累积，不仅在知识的数量上，而且在知识的质量上也和传统的学习方法不同。比如按常规的学习方法，上完一堂数学课后，又上其他课，由于数学课的停顿和其他课对数学知识记忆的影响，上第二堂数学课时还必须拿出一定的时间来复习，以此类推，学得越多，复习量就越大。而西蒙学习法的关键在于持续不断的学习，这就包含着对学过的知识的不断使用，所以就可以省去复习所浪费的时间；又由于进攻的态势本身就是一种优势，所以还会产生质量优势。

所以，越是在很短的时间内精通了一门学科，就越容易灵活运用，这就像是我们熟悉的"马太效应"，强者愈强，弱者愈弱。

1. 选择一门学问，把这门学问看作一个目标。

在有限时间内学什么要精心选择，要知道"学什么"或"怎么做"，首先要了解"为什么学"或"为什么做"。就像有的同学知道一道题怎么做，稍微变换题型就不会做了，这就是典型的"一看就会，一做就废"。我们要透过现象看到本质，才能真正地掌握知识，举一反三。这时候，一个行之有效的目标就显得尤为重要了。这个目标必须是明确的，可量化的，可实现的，和自身需求相关的，有时效性的。

2. 拆分这门学问，拆分到比较容易学习为止。

拆分组块是有方法的：一是从问题出发拆分，就是持续发问，根据目标提出各种问题，这些问题就是你即将拆分的点。二是用整洁目录拆分，书中的章节目录就是我们直接可以用的知识组块，如阅读一本书，根据目录提出疑问，然后带着这些问题有计划、有重点、有顺序地阅读。三是主题树干法，将目标看作一棵大树，树干是核心主题，树枝是细化的部分，通过构建主题树干，可以清晰地看到目标的层级和逻辑。

3. 借助方法持续学习这门学问。

持续学习需要我们有持久的专注力和高效的学习力。我们要借助一些有效率的方法来辅助我们完成持续学习，如"二八法则""卡片记忆法"等。

4. 掌握这门学问，直到能够讲述给他人。

费曼学习法可以帮助我们检测学习成果。把自己想象成一名老师，将掌握的这门学问用最简单直接的话讲给身边的人。通过讲述的过程和对方的反馈，我们就很容易知道自己是否真的掌握了。

西蒙学习法 应用建议

1. 虽然西蒙学习法强调集中精力，但也要注意适当休息和调整学习内容，避免长时间单一的学习导致大脑疲劳。

2. 西蒙学习法还有一个隐藏的关键因素，那就是作用点，也就是锥子从何处落点，运用到学习上就是从何处着手学习。

3. 学习的最终目的是应用所学知识。在学习过程中，要注重实践与应用，将所学知识与实际问题相结合。

第二章

规划有方法

抓住本质,把控全局

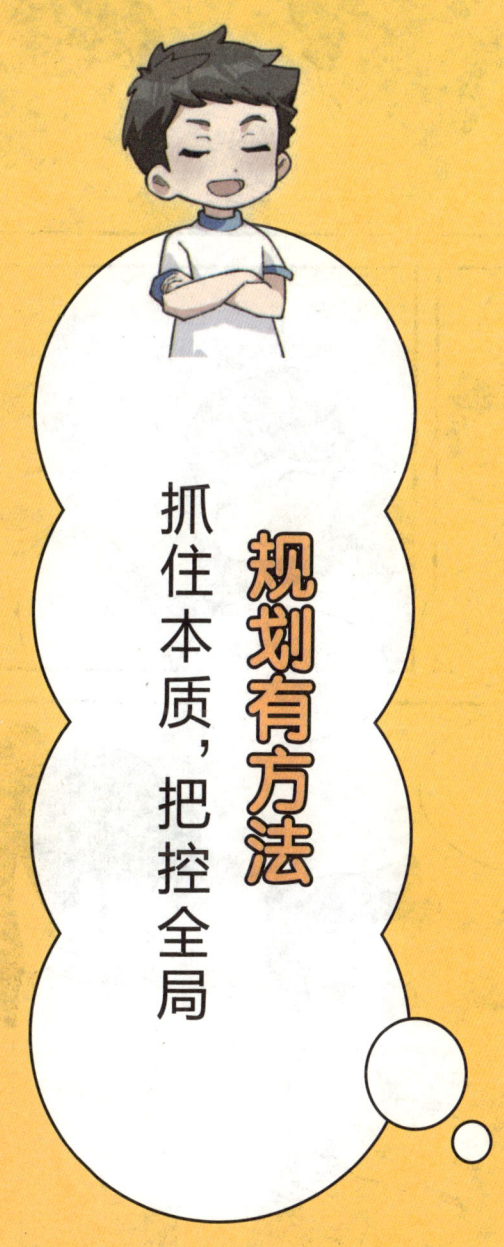

目标有价值，生活才有价值。　　　　　　　　　　—— 黑格尔

1 目标不合理，等于没目标

见招拆招

有句谚语："对一艘盲目航行的船来说，所有的风都是逆风。"目标是我们行动的依据，有什么样的目标，就有什么样的人生。因此，我们应该学会设定合理的目标。

破 识破不合理目标

- 长期看不到效果，陷入自我怀疑。
- 注重形式，不看结果。
- 跟着他人的指令走。

攻 设定合理目标

- 正视自己，根据自己的实际情况，找准努力的方向。利用"洛克定律"，认识目标是什么、目标如何设置、合理目标的意义和目的，所谓"知其然，知其所以然"。

- 设定清晰具体的目标，避免使用模糊或笼统的语言。例如"提高英语水平"就不如"最近一次英语考试及格"清晰具体。评估自身能力和时间，确保目标在自己的掌控范围内。记住，设定目标是一个动态的过程，需要及时反思，根据实际情况进行调整。

- 把一个大目标拆分成多个小目标。每个小目标都要设定得很清楚，还要明确完成的时间。这样，我们就能更容易地进行要做的事情，还能在完成小目标的成就感中坚定地完成大目标。

方法藏在故事里

从前,有一个人想要抓到鱼,但他既没有鱼竿,也没有渔网,于是他想到了一个"聪明"的办法。他看到河边有一棵大树,树上长满了茂密的叶子,他认为鱼会游到树上来乘凉,于是他就爬到树上去找鱼。他在树上找了很久,累得满头大汗,但一条鱼也没找到。路人看到他的行为,都感到非常惊讶,纷纷问他:"你为什么要在树上找鱼呢?"他回答说:"我觉得鱼可能会游到树上来啊。"路人听后都大笑不已,告诉他:"鱼是在水里游的,怎么可能在树上呢?"但他却固执己见,坚信自己早晚能在树上找到鱼。

这便是"缘木求鱼"的故事。这个寓言故事告诉我们,如果做事的方法错了,就算付出再多的努力,也是徒劳无功的。就像那个在树上找鱼的人一样,他明明知道鱼是在水里游的,却偏偏要到树上去找,结果当然是一无所获。所以,我们在追求目标的过程中要注重方向、方法、反思与调整,避免盲目行动。只有这样,我们才能有效地实现目标,走向成功。

想想看,你在生活或学习中有没有遇到过类似"缘木求鱼"的情况呢?

二八法则

二八法则又称"帕累托法则"。1897年，意大利经济学家帕累托偶然注意到19世纪英国人的财富和收益模式。在调查取样中，他发现大部分的财富流向了少数人手里。于是，帕累托从大量具体的事实中发现：社会上20%的人占有80%的社会财富。后来，他发现这个规律适用于很多地方。

学霸绝招大放送

二八法则 = 抓住重点 + 深耕细作

二八法则的精髓就是抓住重点，合理分配，把有限的时间用到最有效果的地方。有句话说：不要用战术上的勤奋掩盖战略上的懒惰。的确，在学习中，我们常常容易陷入盲目努力的误区，忙于应对各种学习任务和细节，却忽视了那些能够带来显著进步和提升的关键点。二八法则告诉我们，要识别并专注于那些能够产生80%学习成效的20%的核心内容或方法，避免将宝贵的时间和精力平均分配到所有知识点上。

二八法则在学习上的体现

试题的难中易比例是 2：5：3；

试卷中 20% 的难题，约有 80% 的学生做不出来；

学习中 20% 的难题，需要用 80% 的时间才能做出来；

老师讲课，20% 是重点，80% 是学过的知识；

记忆英语单词，20% 是认识记忆过程，80% 是循环记忆过程；

理解一个数学公式，20% 是基本理解，80% 是在练习过程中理解；

掌握一个知识点，20% 是在课堂上掌握的，80% 是在课下掌握的。

在学习上，二八法则就是重点知识占总知识的80%，这80%的知识需要彻底学会。专注于核心知识点，深入挖掘，才能在有限时间内获得最大成效。

用二八法则画重点

课本中哪些内容要重点关注，哪些内容只要略读就可以？

1.了解单元学习要求。单元模块的前面一般会有导语或学习要求，事先了解它，可以帮助我们带着任务意识去完成阅读和学习。

2.关注课文小标题。课文的主要观点一般都集中在小标题上，它可以帮助我们快速抓住课文重点。

3.提炼课文观点。每篇课文都蕴含要表达的观点或道理，请务必把它们找出来，这对彻底理解和掌握课文至关重要。

4.掌握课后问题。课文后面的题目涉及的知识点就是需要重点掌握的内容。可以在预习课文时先看课后问题，然后带着问题去文中找答案。

5.记录疑难点。阅读课文时，要留心任何感到疑惑的内容。把它们圈出来或记在笔记本上，课后可以请老师或家长帮忙解答。

用二八法则记笔记

把老师在课堂上讲解的内容全都事无巨细地记下来可不是什么明智之举。一份优秀的课堂笔记，要能提炼出课堂知识的精华。

1.课堂开始和结束的内容。上课前几分钟，老师通常会对本节课的内容和学习目标进行概括，快速记下它们，可以在接下来的40分钟里有重点地听课；下课前，老师又会对本节课的重点进行梳理和总结，跟着老师回顾，如果有遗漏的知识点也可以趁机补上。

2.写在黑板上的内容。老师写在黑板上的内容都是重要的知识点。

3.老师反复强调的内容。如果老师花费很长时间去解释某个知识点，那这个知识点就需要被牢牢地记住。除了在笔记本上将知识点记录下来，还可以在这个知识点前面做个标记。

4.课堂提问的内容。老师的提问暗示着重点知识即将来临。如果这个问题你答不上来，一定要认真听老师的解答并记录下来，因为这可能涉及你的知识盲区。通常，老师讲解得越仔细，花费时间越多，就代表这个问题涉及的知识越重要。

二八法则 应用建议

1.要理解法则的核心意义，即大部分成果往往来自少数关键因素。

2.避免过度简化，认为只要关注20%就能取得全部成果，实际上，其他80%虽不是关键因素，但也会影响整体成果，因此，也应适当关注。

3.二八法则是一种简化思考的工具，但不是万能的，需要保持批判性思维，不盲目接受，要灵活运用。

SMART 原则

SMART 原则由洛克和莱瑟姆的"目标设置理论"在实践中发展而来,以现代管理学中目标制定方面的"黄金原则"而闻名。它由5个英文单词的首字母组合而成:Specific(具体的)、Measurable(可度量的)、Achievable(可实现的)、Relevant(相关的)、Time-bound(有时限的)。每个单词代表一个衡量或判断目标是否合理的标准。

学霸绝招大放送

目标对于我们的成长来说非常重要,但是"合理目标"才是促成成功的关键。目标的设置不仅要有憧憬,还要具有可实现性。也就是说,我们的目标可以是"手可摘果子",但不能是"跳起来摘星星"。模糊不清的目标,会让人没盼头;无法衡量的目标,会让人无所适从;不切实际的目标,会让人敏感、无动力;与长期规划不一致的目标,会让人迷茫和失落;没有明确时间限制的目标,会让人缺乏紧迫感。

具体目标也是有效目标

无效目标:	有效目标:
我要提高写作水平; 我要多背英语单词。	我要掌握议论文的写作技巧; 我要每天背20个英语单词。

第二章 规划有方法　抓住本质，把控全局

运筹帷幄之中，决胜千里之外。在学习之前制定详细的计划，往往能取得较好的效果。要制定一份适合自己的学习计划，首先要正确认识自己。自己擅长的学科是什么？哪个学科的掌握度最低？作息时间是否符合自然规律？在哪个时间段记忆力较强？在哪个时间段理解力强？在哪个时间段自由思考？回答完这些问题，你就会对自己有一个清晰的认识。

学习计划	
Specific（具体的）	如小耳朵想提高语文成绩，这是一个明确、清晰的目标。
Measurable（可度量的）	光有目标不行，目标还要可量化，那种看得见、算得清的目标才是可量化的目标，如小耳朵想把语文成绩提高20分，这就是一个可量化的目标。
Attainable（可实现的）	目标不只要可量化，还要切合实际，如阿动想在3天内背200个英语单词就是不切实际的目标；为了完成目标，不吃饭、不睡觉，不仅影响身体，还会因为付出努力没有得到回报而沮丧。
Relevant（相关的）	指目标的方向，如小耳朵想过一个充实的周末，既巩固了知识，也有娱乐时间；她确定的目标与充实的周末的相关性越强，实现目标的可能性越大。
Time-bound（有时限的）	如阿动想要在规定的时间里完成目标，如果没有时间限制，再小的目标也可能被拖延得遥遥无期。

SMART 原则 应用建议

1. 定目标要具体、明确、切合实际。
2. 不能定得过高，过高则难以实现，还会令人丧失信心。
3. 根据自我认知，目标要高于现实，只要努力就能达到。
4. 过于严苛的目标可能会带来额外压力，造成焦虑和沮丧，应适当降低目标，循序渐进。

墉基不可仓卒而成，威名不可一朝而立。

——陈寿

2 急于求成，往往一事无成

见招拆招

无论做什么事情，都不能急于求成。成功往往需要我们付出长期且艰苦的努力，需要我们脚踏实地地走好每一步。我们唯有在不断积累和提升中，才能逐步实现自己的目标，进而赢得真正的成功与尊重。

破 识破急于求成

- 写作业只做题不审题。
- 渴望快速得到反馈。
- 求快不求好。

攻 改变急于求成

- 眼光放长远，做好长期努力的准备。学习是一项终身事业，需要我们一生为之努力，所以要摆正心态，不能一时遇到挫折和阻碍就一蹶不振。

- 温故而知新。想要构建一个成熟的知识体系，不是一朝一夕就能完成的，需要不断更新知识，一步一步走。所以，持续精进才能保持知识体系的先进性。

- 学会逆向思维。成绩并不是衡量一个人成功与否的唯一标准，学习过程也是至关重要的。因此，制定详细的计划，按照计划逐步执行，就会得到想要的结果。

方法藏在故事里

有个年轻画家，画出来的画总是很难卖出去。一个偶然的机会，画家认识了一个犹太商人。犹太商人见画家满脸愁容，就问画家遇到了什么事情。画家对犹太商人说："我画了这么多画，等上整整一年，也很难卖出去。"

犹太商人思考了一下，对他说："那你画一幅画要多久呢？"

画家回答道："我画一幅画往往只用一天的时间。"

犹太商人瞬间明白了，说："不如，你倒过来试一试？"

画家不解："倒过来？"

犹太商人继续说："是的，倒过来，用一年时间画一幅画，我相信只需要一天，这幅画就可以卖出去。"

"一年才画一幅画，这么慢！"画家惊叹道。

犹太商人一脸严肃地说："创作是漫长且艰苦的事，没有捷径可走。"

尽管画家对犹太商人的建议感到疑惑，但他还是决定尝试。时间的沉淀让他发现自己画功的薄弱，于是苦练基本功，广搜素材，周密构思，终于完成了一幅精妙绝伦的画作。正如犹太商人预料的那样，这幅倾注了画家大量心血和时间的画作在展出后迅速售出。画家不仅收获了经济上的回报，还找到了艺术创作的方向和价值。

年轻画家渴望通过短时间内完成的画作来迅速获得市场的认可，显然是不可行的。实现目标时，如果急功近利，往往会忽视过程中的重要环节，导致最终成果的质量大打折扣。而犹太商人的告诫正是让画家用脚踏实地的态度去磨炼自己的技艺，提升作品的艺术价值，从而实现从量变到质变的飞跃。

登门槛效应

登门槛效应又称得寸进尺效应，由美国社会心理学家弗里德曼与弗雷瑟于1966年在"无压力的屈从——登门槛技术"现场实验中提出：要让他人接受有难度的要求时，最好先让他接受一个小一点的要求，这样他就比较容易接受更大的要求。登门槛效应是一种心理现象，即一个人一旦接受了他人一个微不足道的要求后，为了避免认知上的不统一，或想给他人留下言行一致的印象，就有可能接受更大的要求。

学霸绝招大放送

学习任何学科都是有门槛的，我们都不是生下来就会识字、画画、算术……从一无所知到学有所成，需要一个漫长的过程，所以每当我们掌握一项技能时，就会很有成就感。有个思维工具能够激励我们走过漫长的学习过程，收获更多的技能。

面对学业任务和长远的学习目标，我们往往会感到压力巨大，甚至产生畏难情绪。利用登门槛效应，我们就可以将复杂的学习任务拆解成若干个简单、可达成的小目标，从而在不知不觉中稳步前进。就像体育课上的跑步一样，如果最开始将目标定在5公里，你会觉得难以完成。但是，如果你将5公里分开来，先跑1公里，你会觉得很容易。跑完1公里后，再跑下一个1公里，这样就能够在不知不觉中跑完5公里。

如果你一向畏难且拖延，那不妨试一试登门槛效应。这一心理学原理能够帮助你克服心理障碍，勇敢地迈出艰难的第一步。

在学习数学时，面对一整个学期需要掌握的所有数学公式，你是否立刻感到压力巨大，眉头紧锁？别急，让登门槛效应助你一臂之力。我们可以将这一庞大而复杂的任务进行精细化拆分，比如按照不同的类型或者章节内容，将数学公式分成若干个小而具体的组。

接下来，你需要制定一个切实可行的学习计划，确保每天都能逐步掌握这些被拆分好的数学公式。随着你每天的努力和坚持，这些小目标将逐一实现，每一次的成功都会给你带来满满的成就感和自信心。

在不知不觉中，你会发现自己已经积累了大量的数学知识，原本看似不可能完成的大任务——掌握整个学期的数学公式，竟然在一点一滴的努力中完成了。这时，你会感到由衷的喜悦和自豪，同时也会惊讶于自己巨大的潜能。

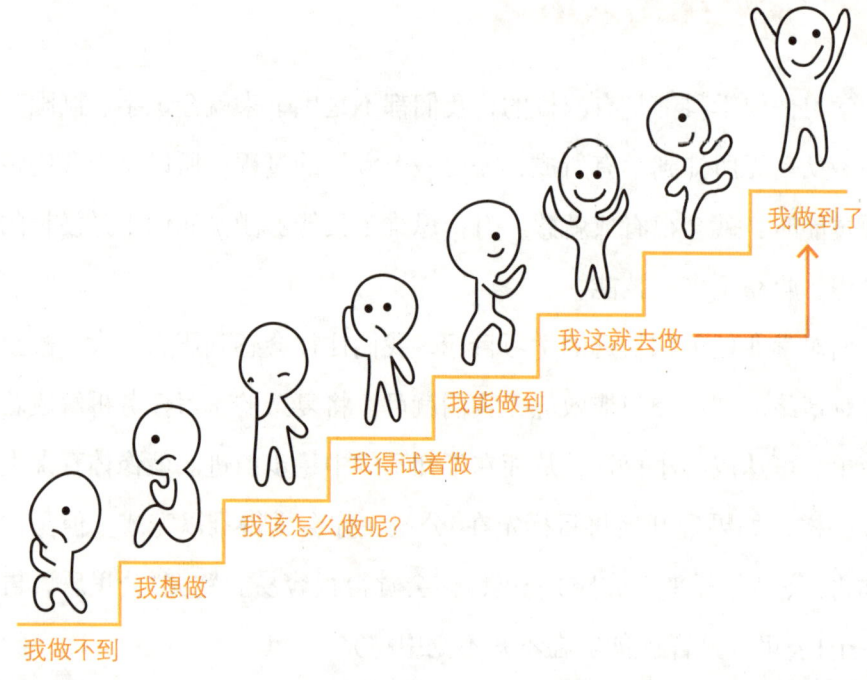

登门槛效应不仅适用于数学学习，还可以广泛应用于生活中的各个方面。当你面临任何看似艰巨的任务时，不妨尝试将其拆分成若干个小步骤，然后一步步地去完成。这样，你不仅能够更容易地完成任务，还能在过程中不断积累经验和信心，从而变得更加自信和坚定。

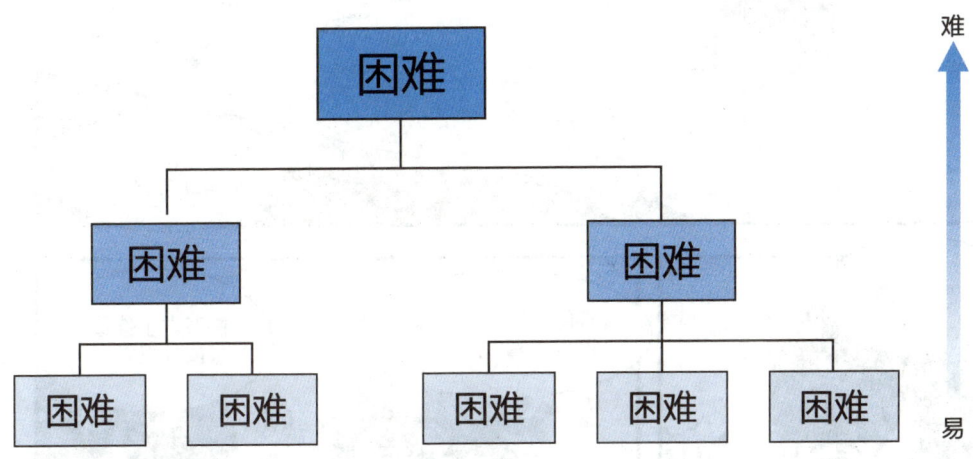

登门槛效应 应用建议

1. 登门槛效应强调完成目标，而不是追求速度。欲速则不达，因此，不要有急于求成的心理。

2. 登门槛效应提醒我们做事情要分步走，一口吃不成大胖子。饭要一口一口吃，完成目标也要每天进步一点，基础牢固了，才会有质的飞跃。

3. 切记，不要滥用登门槛效应，不要强迫他人去做超出能力或错误的事情。

漫绘时刻 机会是留给有准备的人的。　　　　　　　　——巴斯德

3 准备不是临时抱佛脚

见招拆招

　　成功源于长期的准备而非临时突击。要想成功，就要保持头脑清醒，给自己定好计划和目标，然后一步一步去实现。除此，我们还要学会管理时间，知道什么时候该做什么事情，重要的事情先做，不那么重要的事情等会儿再做。如果遇到事情犹豫不决，不知道哪个先做哪个后做，不仅会让事情变得很混乱，还会浪费时间，甚至会错过一些真正重要的事情。所以，我们要学会判断和取舍，这样，我们才能更好地追求成功。

破 — 区分轻重缓急

- 有截止时间的重要。
- 事态紧急的重要。
- 还未结束的游戏不重要。

攻 — 做到主次分明

- 事先计划和准备是成功的关键。在学习中，考试是常见的重要的事，要想从容应对，平时就要打牢基础，这也是准备的重要环节。
- 列清单可以帮助我们捋清楚近期可能发生的事情，如重要的考试、参加的活动等，将它们按时间顺序列出，然后再看这些事情的难易程度和完成周期。
- 做准备的过程要有规划，不要眉毛胡子一把抓。

方法藏在故事里

　　李牧将军的故事，正是对《左传》中"不备不虞，不可以师"这一古老智慧的最佳诠释，也是对兵圣孙子"不战而屈人之兵"及"知胜有五"理论的生动实践。

　　面对北方强敌匈奴的频繁侵扰，李牧并未急于应战，他深知，胜利源自周密的准备与精准的判断。于是，他先是整顿军纪，设立严格的管理制度，确保每一支部队都能如臂使指，纪律严明；其次是重视军事训练，亲自教授士兵们射箭骑马，提高整体战斗力，为将来的决战打下坚实的基础；同时提升伙食标准，让将士们吃饱穿暖，士气高昂。

　　面对匈奴的挑衅，李牧下令坚守不战，即便匈奴气焰再嚣张，他也保持冷静，严格执行"有违军令者斩"的铁律。这样的策略，在外人看来或许显得懦弱，实则是在等待最佳的出击时机。数年过去，赵军的人马物资完好无损，士兵们更是在日复一日的训练中磨砺出了坚韧不拔的意志和精湛的武艺。

　　匈奴见赵军始终按兵不动，误以为其胆小怕事，逐渐放松了警惕。李牧敏锐地捕捉到了这一战机，精心部署。在决战之日，他巧妙运用兵法，以虚虚实实的战术迷惑敌人，最终张开两翼，包抄反击，一举大败匈奴，威震四方。

　　此役之后，匈奴十余年不敢再犯赵国边境，李牧的名字也因此载入史册。他的成功，不仅在于战场上的英勇无畏，更在于战前的深思熟虑与精心准备。正如他所展现的那样，真正的将军，从不打无准备之仗，而是计划周详，步步为营，以最小的代价换取最大的胜利。

艾森豪威尔法则

艾森豪威尔法则一般指四象限法则，由德怀特·D·艾森豪威尔提出。这个法则是一种时间管理技巧，可以帮助我们区分任务或决策的优先级与重要性。艾森豪威尔法则按照重要性和紧急性把事务分为重要且紧急的（必须做）、重要但不紧急的（应该做）、不重要但紧急的（量力而为）、不重要且不紧急的（应该删除的）四个象限。

学霸绝招大放送

在学习和生活中，很多时候是有机会很好地计划并完成一件事的，却因各种原因没有及时去做，日积月累，最后造成了无法挽回的损失。因此，合理的时间管理技巧尤为重要。

将主要的精力有重点地放到那些重要但不紧急的事务上，这些事务虽不是迫在眉睫，却对长远发展和学习成效至关重要。通过建立有效的预约机制，比如设定明确的时间表和优先级排序，可以确保我们的时间不被琐碎或不重要但紧急的事情所占据。这样一来，我们就能更加有效且有序地开展学习活动，持续进步。

> 艾森豪威尔法则的核心理念是重视第二象限。
> 投入更多资源在重要但不紧急的事情上面，这样可以做到未雨绸缪，防患于未然。

| 第二象限 重要 + 不紧急 | | 第一象限 重要 + 紧急 |

第二象限 重要 + 不紧急
没有截止时间，但需要时间思考后才能完成的事情，如要读的课外书等，需要花时间规划并在规定时间内完成的放在这里。

重点处理

第一象限 重要 + 紧急
有截止时间的事情，如明天一早要交的作业，后天要完成的读后感等，只要有明确时间规定的都要放在这里。

马上处理，要减少发生

第四象限 不重要 + 不紧急
无意义的谈话、琐碎的事情是可以不做的，当其他象限的事情全部做完，再做这里的事情也不迟。

最后做或不做

第三象限 不重要 + 紧急
这里一般是临时或突发的事，如准备明天上课用到的工具，如上面两个象限的事情还没有完成，这时我们可以寻求帮助。

延迟处理，或交给他人

用艾森豪威尔法则帮助小明进行时间管理

1.优先处理第一象限的任务。小明应首先完成数学作业和英语口语测试的准备，因为这些任务既重要又紧急，不能拖延。

2.有计划地处理第二象限的任务。小明可以为自己设定一个固定的阅读和预习时间，比如每天晚上八点到八点半是阅读时间，周末则留出一段时间预习下周的课程内容。

3.灵活应对第三象限的任务。对于临时邀请或要求，小明可以根据实际情况灵活处理。如果时间允许且不影响主要任务，可以适当参与；如果时间紧张，则应礼貌地拒绝或推迟。

4.尽量避免第四象限的任务。小明应该意识到长时间玩游戏、看电视或浏览社交媒体是浪费时间的行为，应该尽量减少这类活动的时间，将更多精力投入学习和成长。

第二章 规划有方法　抓住本质，把控全局

第二象限 重要＋不紧急
阅读课外书籍，每周至少一小时（虽然不紧急，但长期阅读对提升阅读能力和拓展知识面很重要），预习下周的课程内容（通过提前预习，可以更好地掌握新知识）。

第一象限 重要＋紧急
明天要交的数学作业（因为数学作业通常难度较大，且老师会严格检查），当天下午的英语口语测试准备（测试即将进行，需要紧急复习）。

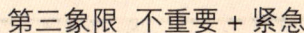

第四象限 不重要＋不紧急
长时间玩游戏或看电视，浏览社交媒体（这些活动虽然能带来短暂的快乐，但对当前的学习和成长没有直接帮助）。

第三象限 不重要＋紧急
同学的临时邀约、家长的临时请求（如取快递等，这类任务虽然紧急但不影响主要学习目标）。

艾森豪威尔法则 应用建议

1. 避免任务划分模糊，难以准确判断任务的紧急性和重要性，导致将不重要的任务误认为是重要的。这时候我们需要积极地和家长、老师进行讨论，明确什么是重要且紧急的任务。

2. 避免自律性和执行力不足，导致即使制定了详细的计划，也会因为各种原因无法完成任务。因此，对于每个任务都需要设定合理的时间限制，以确保在规定时间内完成任务。

3. 定期回顾，灵活运用。在实施过程中可能遇到一些突发情况，需要学习者灵活应对。

好计划是成功的开始。

——艾得·布利斯

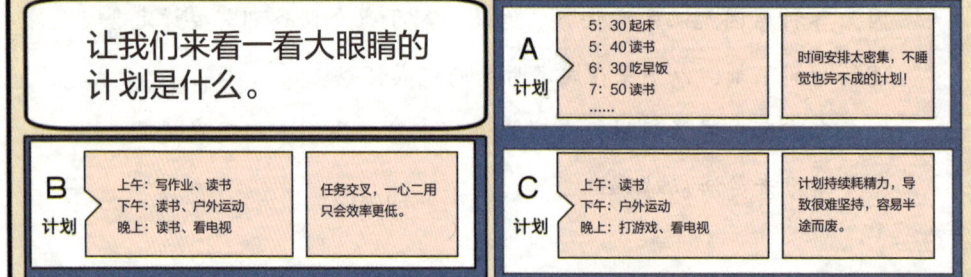

4 别让无效计划拖累你

见招拆招

计划固然重要,但效果才是关键。无论是学习还是生活,一个好的计划可以帮助我们梳理思路,明确目标和步骤,为行动提供清晰的指引。通过计划,我们可以更好地掌握时间和资源,避免浪费和冲突,并预见可能出现的问题和困难,做好准备。当我们准备考试时,一个好的学习计划可以帮助我们合理分配时间,掌握复习的重点和方法,提高效率,取得好成绩。

破 识别无效计划

- 无法实现的计划。
- 多个目标的计划。
- 没有预估困难的计划。

攻 制定有效计划

- 有明确的目标,如每天做哪几道题,背哪几个单词,学哪几个知识点。

- 科学安排时间,计划中既要有学习时间,也要有休息时间,劳逸结合才能长久坚持。

- 要与自身精力相匹配,学习时间的长短不是最重要的,重要的是学习的内容是不是真的掌握了,提高效率很重要。

方法藏在故事里

亨利·福特在创立汽车公司的初期，就明确了他的目标：制造价格低廉、适合大众使用的汽车。这一目标的设定，源于他对市场需求的深入调研。当时，汽车还是一种奢侈品，价格高昂，只有少数富人才能够拥有。福特看到了这一市场的巨大潜力，并决心通过技术创新和规模化生产来降低汽车价格，使其走进千家万户。

为了实现这一目标，福特引入了流水线生产方式，这是他在生产计划上的一个重要创新。流水线生产方式使得每个工人只负责汽车生产过程中的一个环节，大大提高了生产效率。同时，福特还制定了严格的生产计划和质量控制标准，确保每一辆下线的汽车都能达到高质量的标准。这种高效的生产计划，使得福特汽车公司能够迅速扩大生产规模，满足市场需求。

福特深知员工是企业发展的基石，因此他制定了一套极具吸引力的薪酬体系。福特的这一举措不仅提高了工人的生活水平，还极大地增强了他们的归属感和工作积极性。此外，福特还为员工提供了丰富的培训和晋升机会，以及良好的工作环境和福利待遇，使得福特汽车公司的员工队伍更加稳定和高效。

福特并没有因为一时的成功而停滞不前。他深知在竞争激烈的市场中，只有不断创新和改革才能保持领先地位。因此，他鼓励员工提出新的想法和建议，并投入大量资源进行技术研发和创新，使得福特汽车公司能够不断推出新车型和新技术，满足市场的新需求。

在创业过程中，福特也经历了许多失败和挫折。但他并没有因此气馁或放弃，而是从失败中总结经验教训，并继续前行。这种坚忍不拔的精神和积极的态度，也是福特能够最终取得成功的重要因素之一。

福特的成功与好的计划密不可分。他通过明确目标与市场需求、制定高效的生产计划、实施薪酬与福利计划、持续创新与改进以及从失败中汲取教训等方式，推动了福特汽车公司的快速发展。这些经验对于今天的我们来说仍然具有重要的借鉴意义。

一个好的计划应该是既可行又可实现的。它不仅能够帮助我们明确方向、提高效率，还能够激发我们的积极性和创造力。因此，我们要充分考虑计划的可实施性和可实现性，确保它能够为我们的成功之路提供坚实的支撑。如果计划只是停留在纸面上，无法转化为实际行动并取得预期成果，那么它确实相当于没有计划，甚至可能成为一种负担，白白耗费精力和时间。

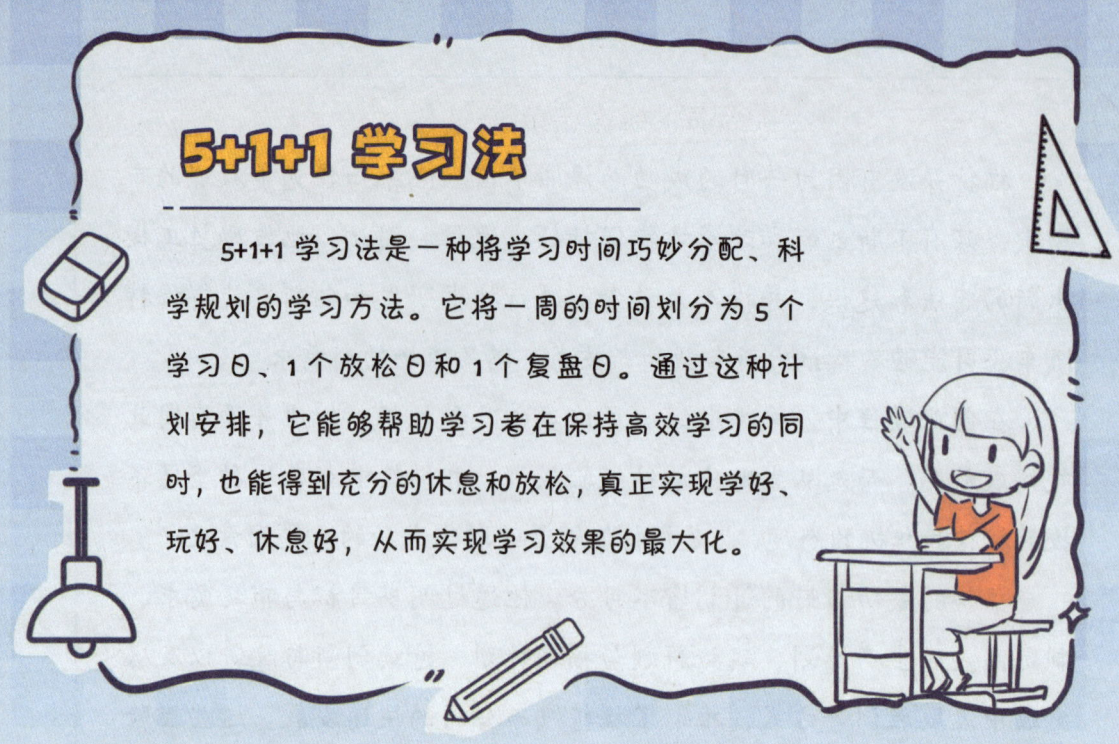

学霸绝招大放送

5+1+1学习法通过合理安排学习、复习和休息的时间，强调了劳逸结合的重要性，并帮助学习者在边玩边学中提高学习效率，增强记忆能力。

5个学习日：有投入才会有回报

1. 集中注意力学习。在这五天里，你需要全力以赴地投入学习，每天保持8—12小时的高效学习时间。你可以列出一周所要完成的任务清单，明确每天的学习目标和计划，并严格按照计划执行。

2. 充分利用碎片化时间。利用早晨"黄金2小时"，这段时间是一天中记忆力最好的时段，你可以用来背诵单词、复习知识点或阅读专业书籍。上学、排队买饭等碎片时间，可以用来听英语听力，让学习无处不在。

1个放松日：提升生活品质，劳逸结合

1. 彻底放松身心。经过五天的高强度学习，第六天作为休息日，彻底放松身心。这一天，你可以放下书本，去做自己喜欢的事情，如睡懒觉，与朋友聚会，看电视或进行其他娱乐活动，以恢复体力和精神状态。

2. 调整状态。休息日不仅是放松的时间，也是调整状态、为下一周学习做准备的重要时间。可以适当回顾一周的学习内容，但要避免过度思考或学习新内容。

1个复盘日：温故而知新

1. 全面复盘。第七天作为复盘日，对前面五天的学习做一个全面回顾和总结。整理学习笔记，复习错题，查漏补缺，确保全面掌握所学知识。

2. 制定新计划。复盘后，制定下一周的学习计划。明确新的学习目标和任务，为下一周的学习做好充分准备。

这样的安排不仅能让你更好地了解自己的学习情况并做出及时调整，还能让你对自己的未来有更明确的目标和规划。

5+1+1 学习法 应用建议

1. 坚持每周按照"5+1+1"的模式进行学习，形成固定的学习节奏和习惯。
2. 根据自身实际情况和学习进度，灵活调整学习计划和复盘内容。
3. 在五天的学习时间里，注重学习效率和质量，避免无效学习，克服拖延症。
4. 保持积极乐观的心态，对待学习中的困难和挑战要有信心和耐心。

OKR 学习法

OKR（Objectives and Key Results）学习法是一种目标设定与关键成果追踪的方法。OKR 学习法不仅适用于企业管理，也适用于个人成长和学习计划的制定。将 OKR 学习法运用到我们的学习中，能够帮助我们"挑战不可能"。

学霸绝招大放送

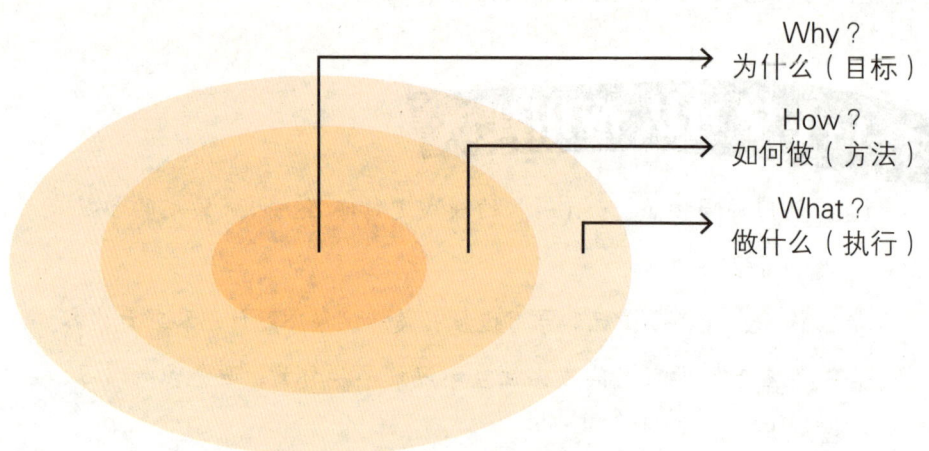

Why？ 为什么（目标）

How？ 如何做（方法）

What？ 做什么（执行）

OKR = Objectives + Key Results
　　　　目标　　　　关键成果

一、明确目标

1.根据自己的学习需求和兴趣，设定一个清晰、具体且可实现的学习目标。例如，在一个月内掌握100个英语单词或每周数学练习题正确率达到95%以上。

2.OKR的核心精神是确立的目标一定要有挑战性，小小的挑战是为了激发学习的动力。什么样的目标是有挑战性的呢？例如，你的一般目标是提高数学计算能力，而有挑战性的目标是每周的练习题正确率达到95%。半个学期后，数学计算能力明显提高了，可以奖励自己一个小礼物。

3.为每个目标设定明确的时间框架。例如，"本周内""本月内"或"本学期内"，以便能够有计划地推进学习。

二、确定关键成果

目标确定后，可以给自己布置几个关键成果，直到完成目标。如果有多个关键成果，可以根据重要性和紧急性为它们排序，优先完成更重要的关键成果。

目标：掌握100个英语单词	
关键成果1	每天学习并背诵10个单词，包括它们的拼写、发音和中文意思。
关键成果2	每周进行2次单词复习，确保记住本周所学的新单词。
关键成果3	使用新单词造句，并在家庭或学校的英语角和活动中至少使用5次。

三、实施学习计划

1.将每个关键成果进行分解。例如，每天如何学习并背诵10个单词，可以是每天晨读时背诵新单词、晚上复习时默写单词并检查错误等。

2.为每个任务设定完成的时间，并记录在日程表或学习计划中。这有助于我们合理安排时间，确保每个任务都能按时完成。

每日更新			
我的目标	要做的	正在做的	完成的
掌握100个英语单词。	1.通过制作单词卡片或使用记忆软件，至少进行3次重复记忆，以提高记忆效果。 2.在本周内，至少使用20个新单词进行3次写作练习，如日记、短文等。	用新学的单词造句。	1.背诵10个单词。 2.掌握1个语法运用。

四、执行与跟踪

每周或每月回顾自己的学习进度和成果，评估是否按计划进行，并及时调整学习策略。鼓励记录自己的学习日志，包括完成的任务、遇到的困难、解决的方法及学习心得等，这有助于我们总结经验教训，提高学习效率。

在目标期限结束后，反思整个学习过程，总结成功的经验和需要改进的地方。根据评估结果和自身的实际情况，调整下一个周期的学习目标和关键成果。

OKR学习法 应用建议

1.OKR学习法强调结果的达成，但不要因为过于关注结果而忽视学习过程中的成长和收获，否则会降低学习动力。

2.OKR学习法需要我们建立团队协作意识，培养沟通和协调能力。

3.根据自身特点，优化OKR学习法的实施流程，减少不必要的步骤和环节，提高学习效率。

第三章

执行有方法

提升行动效能,终结拖延症

漫绘时刻

时间以同样的方式流经每个人,而每个人却以不同的方式度过时间。

——川端康成

1 有效使用每一点脑力

见招拆招

时间作为最公正的裁判,对每个人都一视同仁。当我们感到时间紧迫或不够用时,实际上是时间在提醒我们尚未培养出对它的掌控力。培养时间感,即学会合理规划、高效利用时间。只有当我们真正拥有对时间的自主感,才能从容不迫地应对生活和学习中的各种挑战。

破 找出规划误区

- 找不到做事的重点,又忙又乱地度过一天。
- 计划制定好了,迟迟没有落实。
- 十分钟能够完成的事,两个小时后还在继续。
- 娱乐活动可以一直进行。

攻 学会时间管理

- 垂直细分,将任务细化到可管理单元,一次专注攻克一件事。
- 方法总结,筛选并应用最适合当前任务的策略。
- 优先排序,明确任务的紧急程度与重要性,优先处理最关键的事项。

方法藏在故事里

在中国电影史上，有一部影片以其深刻的家庭伦理描绘、生动的人物刻画以及贴近时代脉搏的故事情节，深深触动了无数观众的心弦，那便是《喜盈门》。这部影片的编剧辛显令先生，则用他的一生诠释了对时间的极致尊重与高效利用，成为无数人学习的楷模。

生活中的辛显令将"时间就是生命"这句话奉为圭臬。他深知，在繁忙的工作与生活中，唯有高效利用每一分、每一秒，才能在有限的时间里创造出无限的价值。因此，他养成了一个习惯，那就是无论何时何地，只要有空闲，就会立刻投入阅读、学习或写作。

辛显令的生活作息极其规律，他严格控制自己的休息时间，每晚的睡眠从不超过6个小时，因为他认为，超出一分钟的休息，便是自己思想上的一分懒惰。这种近乎苛刻的时间管理，让他拥有了更多的时间去思考、去创作，也让他的思维始终保持着高度的敏锐和活跃。

在创作《喜盈门》的过程中，辛显令更是将这份对时间的尊重发挥到了极致。他认为一部优秀的作品需要反复打磨、不断完善。因此，他全身心投入剧本的创作，不断地修改、润色，力求每一个情节都符合逻辑，每一个角色都栩栩如生。辛显令刚踏入编剧行业时，并未预料到自己将会在中国影坛留下如此深刻的印记。然而，正是他那份对时间近乎苛刻的管理和不懈的自我追求，才让《喜盈门》这部作品大放异彩。

辛显令的故事告诉我们，时间是最公平的资源，每个人每天都拥有相同的时间。然而，如何利用这些时间，却决定了我们人生的高度和广度。

番茄钟工作法

番茄钟工作法是意大利人弗朗西斯科·西里洛在1992年发明的。之所以叫这个名字，是因为西里洛一开始使用的是一个形状像番茄的厨房计时器，用来跟踪自己的学习与工作进度。番茄钟工作法把25分钟作为一个时间单位，称为一个番茄钟。每个番茄钟之间有5分钟的休息时间。每完成4个番茄钟后，可以休息更长的时间（通常是15—30分钟）。

学霸绝招大放送

每个人每天都拥有24小时，同样的上学、放学，有的同学可以轻轻松松一天，有的同学总是被时间牵着走。我们没有三头六臂，每天要做的事又那么多，该如何高效完成这些事呢？这时候，你需要一个"小闹钟"——番茄钟来帮忙。简单说，就是先列出你要完成的任务（比如完成作业、查阅资料等），设置好25分钟的闹钟（即一个番茄钟），然后集中精力，心无旁骛，一件一件地完成它们。当闹钟响起，你可以稍作休整，检视自己的学习情况，判断是否应对学习计划进行调整。之后，再开启另一个25分钟的学习。如此往复，既可以提高注意力和效率，又可以缓解疲劳和压力。

你对时间有感觉吗？能感觉到它的流逝吗？

将番茄钟应用在培养时间意识上，根据年龄层的认知变化，采取不同的时间感知训练方法。

1. 低年级（6~9岁）

特点：能够理解和使用具体的时间单位（如分钟、小时），但时间管理能力较弱，容易分心。

训练建议：使用番茄钟，初期可以从较短的学习时间（如5分钟）开始，逐渐增加至15~25分钟，中间穿插短暂休息；将大任务分解成小步骤，在完成小步骤的过程中获得成就感。

2. 中高级（9~12岁）

特点：时间管理能力显著提升，能够自主安排较长时间的学习和娱乐，但仍需监督和指导。

训练建议：自主制定学习计划，包括学习任务、时间分配和休息时间，也可请家长帮忙；定期回顾计划的执行情况，对不足之处作出调整。

测试一下，你对时间的感受精确到什么程度。

1. 打开秒表放在一边，不去看它，在心中默默数数，当你数到60时按停秒表，看看你心中的时间流逝和实际的时间流逝有多大差距。

2. 读10页书，数一下有多少字，同时记录下阅读时间，估算出你的阅读速度。

3. 写一篇200字的短文，将思考、动笔、修改的时间都算在内，记录花费的时间，估算出你的写作速度。

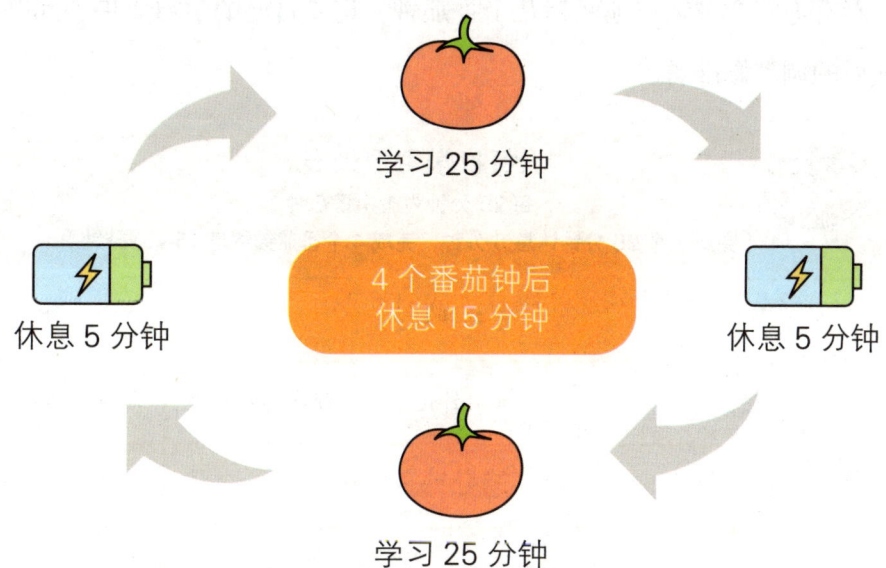

行动起来,现在就找一件力所能及却一直没有做的小事,尝试直接完成它,并记录时间和自己完成前后的心情。然后,继续找几件这样的事,一次做下去,用心感受你完成后的心理状态并记录下来。牢牢记住这种小成就带来的喜悦感。

1. 填写任务,开始计时。列出你要完成的一件事。初次用番茄钟时,可以先设定一件容易完成的事,这件事是你有把握在 25 分钟内完成的,如背 5 个英语单词或默写 1 首古诗,熟练使用后再提升任务难度。

2. 全神贯注,避免干扰。在一个不受干扰的环境中,25 分钟内只专心要完成的这一件事。在这 25 分钟内,你会有各种走神分心的小插曲,如望望窗外、想喝杯水等,但你一定要坚持住。

3. 休息一下。太棒了,第一个 25 分钟你真的做到了,虽然可能会分心,但你还是努力做到了。奖励自己一下,休息 5 分钟。

4. 第二个 25 分钟。要不要继续下一个 25分钟?我想,你会继续的。不过,要量力而行,循序渐进,慢慢摸索出更适合自己的番茄钟使用方法。

学无定法　拿来就用的 25 种高效学习法

看看你能全神贯注地坚持几个番茄钟，记录自己的学习效果和问题，为随后的调整做准备。

每日学习记录表
每 25 分钟为 1 个番茄钟
（完成 1 个 25 分钟休息 5 分钟，完成 4 个番茄钟休息 15—30 分钟）

时间：		番茄钟数：	
任务	番茄钟记录	预计番茄钟数	实际番茄钟数

今日任务完成情况小结：

 番茄钟数　　　____ 个　　____ 分钟

其他说明

第三章 执行有方法　提升行动效能，终结拖延症

千里之行，始于足下。现在就开始行动吧！拿出纸和笔，列出待办的任务——写作业，整理房间……不管是什么，立刻行动起来。

周计划	
第一周	第二周
第三周	第四周

番茄钟工作法 应用建议

1. 行动起来，不要再瞻前顾后，先完成一件事。一旦你开始行动，哪怕效果再微弱，哪怕只完成了一个微不足道的任务，也不再是原地不动的"0"了。

2. 集中精力，逐个完成任务。不要贪多，不要同时做好几件事。

3. 先把25分钟当作一个时间单元，在实践中摸索适合自己的学习周期，提升将时间切块的能力。

4. 分析番茄钟中断的问题，坚持度过使用番茄钟工作法的磨合期。

5. 根据自己的情况，制定长期计划，并做出预判，在实践中检验调整。

6. 尝试把复杂问题分解，用番茄钟工作法各个击破。

漫绘时刻

金无足赤，人无完人。　　　　　　　　——出自戴复古《寄兴》

2 追求良好胜过苛求完美

见招拆招

你有没有这些表现：非黑即白，极度畏惧失败，哪怕只是一个微不足道的失误，都会陷入深深的自责；在心中描绘完美的理想蓝图，过程中又不愿妥协，因此完成一件事情需要花费大量时间；害怕被否定，在意周围人的看法，害怕别人不认可、不喜欢自己，思前想后，缺乏行动的勇气，怕犯小错误……这些都是不健康的思维倾向，真正的完美主义并非害怕失败，而是勇于在失败中奋起。真正的行动，往往始于勇敢地迈出第一步，而非无尽的等待与犹豫。

破 看破"完美"借口

- 害怕犯错误，所以消极或放弃行动。
- 对自己过于苛刻，习惯用大量时间和精力去追求看似完美却无法达到的目标。
- 应变能力差，一遇到挫折就会变得不知所措。
- 习惯做自己擅长和熟悉的事情。

攻 清醒认识自己

- 人无完人，接纳自己的短处并积极弥补，莫要徒增压力。
- 先完成，再完美；先开始，再完善。
- 专注过程而非结果，进入"越干越快乐，越快乐越想干"的状态。

方法藏在故事里

　　在四川边陲，有两个境遇截然不同的僧人：一个家境贫寒，另一个则财富充裕。

　　某日，穷僧人向富僧人吐露心愿："我想去遥远的南海一游，你觉得如何？"富僧人听后，略带疑惑地问："那你打算如何前往呢？"穷僧人的回答简单而质朴："只需一瓶一钵，足以支撑我的旅程。"富僧人听后，不禁笑道："我多年来筹划着雇船顺江而下至南海，都未能成行，你仅凭这两样简陋之物，如何能做到？"

　　时间流逝，转眼又是一年春暖花开。那个穷僧人竟从南海回来了，还与富僧人分享了一路的所见所闻。这一刻，富僧人的脸上掠过一丝难以言喻的惭愧与自责。毕竟，四川至南海，千山万水，路程遥远，他因种种顾虑而止步不前，穷僧人却以非凡的勇气与决心，完成了这一壮举。

　　为何同样的目标，两人却有截然不同的结果？关键在于他们面对目标时的不同心态与行动模式。富僧人因富足而滋生了对失败的恐惧，他过分追求万无一失的完美计划，却在无休止的准备与担忧中消耗了行动的力量。风险、失败等负能量如巨石般压在他的心头，让他无法迈出前行的第一步。他害怕失去已有的安逸与尊严，更恐惧外界对他的评头论足，这些顾虑如同无形的枷锁，将他牢牢束缚在原地。反观穷僧人，他虽资源匮乏，却心怀信念，以行动诠释了"心无旁骛，勇往直前"的真谛。他深知，任何完美的计划都需在实践中不断完善，任何成功的旅程都伴随着未知与挑战。因此，他选择直接面对，用行动去征服那些看似不可逾越的障碍。

SWOT矩阵分析法

SWOT矩阵分析法又称"态势分析法"，SWOT由Strengths（优势）、Weaknesses（劣势）、Opportunities（机会）和Threats（威胁）4个英文单词的首字母组成。这是一种综合考虑内部条件和外部环境后进行系统评价，制定最佳策略的方法。

学霸绝招大放送

从整体上看，SWOT矩阵分析法可以分为两部分：第一部分为SW，即优势和劣势，主要用来分析内部条件，指引我们由内而外地思考；第二部分为OT，即机会和威胁，主要用来分析外部环境，驱使我们由外向内地思考。

将SWOT矩阵分析法用在个人分析和学习规划上，列出自身的优势（如记忆力强、兴趣浓厚）和劣势（如注意力分散、基础知识薄弱），以及外部的机会（如优质教育资源、网络学习平台）和威胁（如学习竞争激烈、网络诱惑），全面评估学习情况。

SWOT能帮助我们精简想法，既不过高估计自己，也不忽视自己的不足，让我们的目标更准确。马上行动，完善你的SWOT分析表吧！

1.优势	利用自己的特长和技能参加相关比赛或活动，提升自己的自信心和成就感。	特长	技能	优点
2.劣势	针对自己的不足努力改进，如寻求老师或家长的帮助，参加补习班或兴趣班等。	薄弱点	缺点	待改进
3.机会	积极参与学校或社区组织的各种活动，拓宽自己的视野和社交圈。	学校资源	课外活动	家庭支持
4.威胁	学会调整心态，合理安排学习和休息时间，以应对压力和挑战。	学习压力	竞争环境	外部挑战

基于SWOT分析表的分析结果，我们可以制定具体的行动计划。

防御型
直面自身的劣势和威胁，争取新机会。

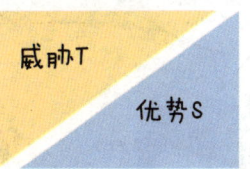

缓冲型
利用优势，减轻威胁带来的压力，提高自身竞争力。

改善型
在机会中弥补劣势，不断补齐自身短板。

积极型
利用优势，把握机会，使自己的长处有用武之地。

SWOT 矩阵分析法 应用建议

1. SWOT 矩阵分析法需要有较强的逻辑思维和分析能力，我们可以通过列图表等直观方式来简化实施。

2. 如果你的年龄偏小或能力有限，可以请老师和家长来帮忙。

3. 应用 SWOT 矩阵分析法容易受到个人偏好等主观因素影响，因此，我们需要时常反思，不断总结，定期评估进展，根据结果及时调整。

漫绘时刻

夫尺有所短，寸有所长；物有所不足，智有所不明。　　　——屈原

3 偏科要不得，谨防弱科拖后腿

见招拆招

学科之间本就紧密相连，相互渗透，本质上并无难易的绝对界限。许多学生出现偏科现象，往往源于心态上的偏颇或是对特定学科兴趣的缺失，而非学科本身难易所致。偏科不仅严重制约了学习成绩的全面提升，还可能逐渐侵蚀学习信心，形成恶性循环。克服偏科，要先找到偏科的根本原因，可能是学习方法不当、基础知识薄弱、兴趣不足或是心理抵触等，然后根据原因制定有针对性和可行性的学习计划。

破 找出偏科成因

- 不喜欢某个学科的老师。
- 就是不喜欢某个学科。
- 没有学习的兴趣。
- 基础薄弱，但不去想方法。

攻 解决偏科症状

- 突破舒适区，多下功夫，勤练多问。
- 培养兴趣，多参加活动，多与他人探讨。
- 互帮互助，共同学习，积极向老师同学寻求帮助。

方法藏在故事里

阿尔伯特·爱因斯坦，现代物理学的泰斗，其人生历程是对"天赋非成功唯一要素"的最佳诠释。爱因斯坦的童年并不顺遂，相较于早慧的妹妹，他直至三岁仍言语笨拙，十岁才踏入校门，却常因学习缓慢、成绩平平而遭受嘲笑，甚至被冠以"笨家伙"之名。面对困境，爱因斯坦展现出非凡的坚忍，以持续的努力和进步回应质疑。

在嘲笑与孤独中，学习成为他的避风港，尤其是数学，为他打开了智慧的大门，引领他超越课堂，向更广阔的学术天地迈进。然而，他的求学之路亦非坦途，他首次报考苏黎世大学因外语不及格而落榜。但他未放弃，次年通过补考进入苏黎世综合工业大学，却因热衷课外阅读与实验，而非仅限于课内学习，引起教授不满，被视为"不务正业"。

这段经历凸显了爱因斯坦对知识的全面追求，尽管这使他在当时被视为异类。经济危机曾让他失业，但正是这段时期促使他对物理学进行深入思考，最终提出了狭义相对论这一革命性理论。爱因斯坦的成功，证明了单一学科的深入虽能引领创新，但全面发展同样重要，各科知识间的相互启发能激发更深层次的思考与创新。

爱因斯坦用公式 $A=x+y+z$（成功＝勤奋＋正确方法＋少说空话）总结其成功秘诀。这不仅是对个人努力的肯定，也是对全面发展教育理念的倡导。爱因斯坦的故事启示我们，偏科虽可能成就某一领域的专长，但用一科的兴趣带动全科的学习，能为个人的长远发展奠定更坚实的基础。

木桶定律

木桶定律又称"短板效应",由美国管理学家劳伦斯·彼得提出。它指的是一个木桶能装多少水,并不取决于最长的那块木板,而是取决于最短的那块木板。对于学习,这个定律具有深刻的启示意义。我们要正视自身的短板,及时采取措施进行补救。

学霸绝招大放送

学习中,你有没有这样的情况:遇到作业中的难题就跳过去,喜欢的学科就多学一会儿,不喜欢的学科就干脆扔在一边装看不见……虽然一时痛快了,但最后苦的还是自己。我们在学习中碰到困难是很正常的,如果遇到困难就逃避,日积月累,小困难就会变成大难题。就像木桶漏水了,你看到了但没有及时修补,漏洞只会变得越来越大。

就像木桶的盛水量受到最短木板限制一样,你的学习成绩也受制于你的短板科目。木桶的短板显而易见,那学习和成长中的短板如何发现呢?

发现短板
别让短板限制了自身发展

如果将木桶比作人，短板就是我们身上的一些短处，可能是一些缺点，可能是一些不好的习惯，还可能是不擅长的某一方面，它们的存在都会给我们带来限制。要想全面发展，就不能被短板束缚。

短板体现在学习中，就是"偏科"。在学习中，对某些学科特别感兴趣，而对有些学科相对轻视或感到吃力，这就是偏科现象。表现较差的学科就像木桶中最短的木板，会拖总成绩的后腿。

偏科的原因是多样的，如学习兴趣不足、学习方法不当、基础知识薄弱等。克服偏科需要时间和努力，建立信心很重要，必要时可向家长和老师求助。

补齐短板
取长补短，双管齐下

发现短板后，放任不管就会陷入被难点追着走的被动局面。因此，遇到不懂的问题，要及时解决，查漏补缺。只有形成良好的学习习惯，才能让我们的"木桶"既完整又结实。

在学习上，补齐短板意味着要全面发展，不能偏科。对于自己不擅长的学科，要投入更多的时间和精力，努力提升成绩。可以通过制定学习计划、与同学探讨、向老师请教等方式来加强学习。同时，也要注重培养自己的学习兴趣，找到适合自己的学习方法，让学习变得更加高效和有趣。

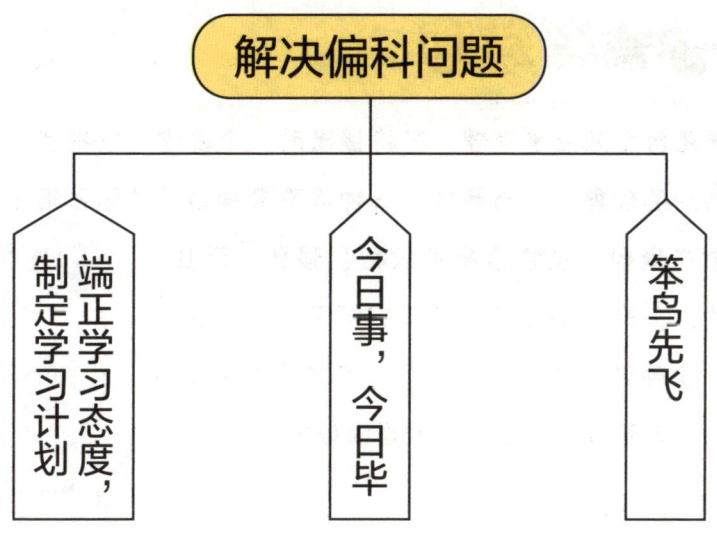

除了学习，短板还可能存在于我们的性格、能力、习惯等方面，比如缺乏自信、沟通能力不足、时间管理不当等。针对这些短板，我们可以通过阅读相关书籍、参加兴趣小组等方式来提升自己的能力和素质。同时，也要保持积极的心态，相信自己能够克服困难，不断进步。

木桶定律 应用建议

1.补齐短板的同时，也要重视并发挥长板的作用，以实现更高效、更快速的发展。

2.补齐短板，信心很重要，不要因过度关注短板而导致自信心缺失。

3.补齐短板并不是一件立竿见影、一蹴而就的事情，可以考虑用扬长避短的方法去提升效能。但是，这并不意味着就放弃了短板，要知道，只有全面发展才能使学习效果更明显。

催化合奏效应

催化合奏效应是查理·芒格提出的一个概念，它描述了一种特别的现象，即当两种、三种或更多种力量共同作用于同一个方向时，这些力量不仅相互强化，而且彼此放大，产生的效应远超过它们单独作用的总和。这种效应类似于物理学中的临界质量，当达到一定程度时，能够产生强大效果。

学霸绝招大放送

催化合奏效应就像是一场精彩的演出，不同的乐器相互配合，演奏出优美的音乐。在这个过程中，每个部分都至关重要，它们之间的和谐与配合是成功的关键。学习也是一样的，各学科之间是可以相互促进的，某一学科的精进都会对其他学科有很大帮助。

在学习中可以通过引入适当的"催化剂"来实现，即通过外部因素的加入，使得多个学习要素共同作用于一个方向，从而产生爆炸性的学习效果。例如，把地理当成"催化剂"，去理解历史事件的背景，学习代数几何等。这种多学科融合的学习方式，就像多个乐器共同演奏，让学生更全面地掌握知识，提高学习效率。

触类旁通和举一反三的道理都与催化合奏效应有共同之处，通过掌握一个事物的规律来推演出其他事物的规律。试一下，将拼图技巧与其他学科的学习相结合，如用拼图来构建几何图形，帮助理解形状、角度和面积等概念。

绘画

- **语文**：一图胜千言，图画可以加深对诗词意境的理解，帮助记忆。
- **自然科学**：三原色是红、黄、蓝，三间色是橙、绿、紫。
- **数学**：绘画中经常会涉及几何图形，比例尺的使用和测量。
- **物理**：光的反射、折射和散射。

团队协作的效果就像催化合奏效应，在班级或小组活动中，与他人合作，共同完成任务。

催化合奏效应 应用建议

1. 催化合奏效应是让学习者组合不同学科的优势，而不是在学语文的时候学数学，在学数学的时候学英语。
2. 运用催化合奏效应需要学习者深入理解每个学科，确保在掌握基础知识的前提下进行跨学科串联。
3. 培养良好的生活和学习习惯，如定时作息、坚持锻炼、勤于思考等。这些习惯可以相互支持，共同促进学习者的全面发展。例如，定时作息可以保证充足的睡眠和精力，从而有助于提高学习效率；坚持锻炼可以增强体质和免疫力，为学习提供坚实的身体基础。

习惯是在习惯中养成的。 ——普劳图斯

4 让学习效率翻倍叠加

见招拆招

　　学习是一个完整的过程，预习、听课、复习、作业等环节，少了哪一步都会影响学习效果。因此，我们应当尽早养成良好的学习习惯，按部就班地跟着课程进度学习，稳扎稳打才能为学业打下坚实的基础。

破一 发现学习绊脚石

- 看书走马观花，浮于表面。
- 左耳进右耳出，只听不记。
- 拖拉欠账，消极怠"工"（功课）。

攻一 扫除学习障碍

- 做好预习，提前了解知识框架，提高学习主动性。
- 听课时做好笔记，提炼关键内容，强化记忆。
- 认真完成作业，通过联系检验学习成果，查漏补缺。
- 阅读时要拿起笔，标注重点和有疑惑的地方。
- 注重复习，定期回顾、巩固知识。

方法藏在故事里

司马光是北宋时期的杰出政治家与大学问家，其最为人称道的成就是编纂了历史巨著《资治通鉴》。这一辉煌成就的背后，是他自幼养成的良好的学习习惯。

在私塾求学时，司马光并未因天资出众而自满。他自觉记忆力不如人，便以加倍的努力来弥补。每当学堂钟声响起，他总是率先端坐，全神贯注于老师的每一句话、每一个字，生怕遗漏任何细节。他的笔记详尽无遗，字里行间透露出对知识的尊重与珍视。面对疑惑，他勇于提问，直至完全理解。

司马光深知学习须持之以恒，课后温习至关重要。当同窗们嬉戏玩耍时，他却选择留在学堂，沉浸在书本世界，反复朗读、背诵，直至知识烂熟于心。夕阳西下，学堂归于宁静，他仍坚守于书桌前，温习笔记，深化理解。遇到难题，他耐心琢磨，甚至动手实践，力求全面掌握。

这份对学习的执着与热爱，使司马光在同龄人中崭露头角。刻苦钻研不仅使他在课堂上表现出色，更让他的学识日益深厚，思想愈发成熟。司马光的学习习惯包括勤奋好学、专注听讲、笔记详细、勇于提问、持之以恒地温习及面对难题的耐心钻研。

正是这些良好的学习习惯，让司马光能够积累广博的知识，形成深邃的思想，最终编写出《资治通鉴》这部影响深远的史学巨著，为中国乃至世界的史学研究做出了贡献。司马光的故事告诉我们，良好的学习习惯是通往成功的重要途径，它能够帮助我们不断积累知识，提升自我，实现人生价值。

全流程优化

全流程优化，即将学习过程中各个环节和步骤进行优化，把每件事做好。然而，这种看似普通的学习方法，却能在平凡中创造奇迹。全流程优化可以让知识产生复利效应，让你的学习加速。

学霸绝招大放送

学习是一个环环相扣的过程，可将学习的过程分为预习、听课、复习和作业，然后逐步进行优化。

一、课前预习，事半功倍

预习就是在老师讲课前，自己先熟悉新课内容。预习能够提前发现自身的薄弱点和知识难点、重点，听课时就会心中有数，做笔记时也会着重记书上没有的或自己不太清楚的部分。没有预习，就会对老师要讲的内容一无所知，老师讲什么就听什么，老师叫干什么就干什么，不动脑，不分析，陷入机械式的接受模式。因此，养成良好的预习习惯是必要的。

1.预习时要读、思、问、记同步进行。对课本内容能看懂多少就算多少，不必求全理解；复习、巩固已学的旧知识，找出新知识中自己不理解的问题；初步弄清新课中的基本内容，并找出书中的重点、难点和自己费解的地方；最后把没有懂的问题记下来，作为听课的重点。

2.逐步形成预习习惯。若以前没有预习的习惯，现在想改变，那么可以先选一两门学科进行预习试点，等取得经验后再逐渐增加学科，直到全面铺开。

3.晚上写完作业再预习。时间多，就多预习几门，钻得深一点；时间少，就少预习几门，钻得浅一点。新课难度大，就多预习一些时间；难度小，就少预习一些时间，重点预习自己学起来吃力的学科。切不可每天的学习任务还未完成就忙着预习，打乱了正常的学习秩序。

4.强化预习。预习以后，合上书本，小结一下，这样做能使自己对新知识有更深刻的印象。

二、高效听课，胜过起早贪黑

你听课时，是全神贯注，专心听讲；还是分心走神，萎靡不振，打瞌睡？是边听边记，把老师讲的全都记下来；还是以听为主，边听边思考，把不懂的记下来？是干脆不记，只顾听讲；还是边听边记边思考，思考当堂内容、与本课相关的知识、老师的思路？

那么，怎样才算是高效听课呢？那就是要抓住各学科的不同特点，带着问题听，听清内容，记住要点，抓住关键。

1.老师很重要。上课时，老师会讲很多重要的知识，比我们自己看书学到的要多得多，所以要好好听老师讲课。

2.专心听讲。上课时，要全神贯注地听，不要分心。如果有什么想法，可以先记下来，下课后再想或问老师。

3.试着自己判断。在老师给出答案前，试着自己判断一下，看看和老师讲的是否一样，这样可以加深理解。

4.当堂理解。课堂上要动脑筋，积极思考，不懂就问。跟着老师的思路，把问题弄清楚。

5.注意老师的思路。不仅要听懂知识，还要理解老师是怎么思考的。这样，我们的思路也会变得更清晰。

6.抓住关键点。每门课都有重要的知识点，比如数学里的公式，语文里的字词。老师讲这些时，一定要认真听，这样才能学得更好。

三、复习有技巧，节省时间有诀窍

复习是对已学过的知识进行总结和梳理，为下一阶段的学习做准备。因此，复习越及时，知识遗忘就越少。很多同学对所学知识记不住，并不是脑子笨，而是不善于复习或复习得不深入。

1.复习要及时。不"欠账"，不"赖账"，当天学的知识要当天复习。

2.要紧紧围绕课本中的知识内容来复习，通过适当看题、做题来检查自己的复习效果。

3.复习要有自己的计划。每学完一课、一章都要总结，把学到的知识串联起来，形成一个完整的知识体系。

4.复习时要深入思考。看教材时，不仅要读，还要想。特别是那些重点、难点，要多问问自己"为什么""怎么样"，不懂的要弄明白。

四、别把完成作业当成应付任务

独立完成作业是巩固学习成果、检验理解深度的重要方式，但若急于求成或抄袭应付，则会削弱学习效果，导致学习成绩下滑。

1.可以通过做作业检查自己的学习效果，发现问题，及时补救。

2.做作业有利于把书本上的知识转化成自己的知识，并加深对知识的理解。

3.作业中发现的各种问题会激发我们的思考，培养我们的思维能力，提高我们分析问题和解决问题的能力。

完成作业有方法：

　　1.写作业前先当"小侦探"：翻开课本找线索，回忆老师讲的重点。先别急着动笔，花3分钟厘清思路，完成作业更高效！

　　2.用番茄钟工作法打败拖拉：设置25分钟"专注时间"，像火箭一样全速前进；再休息5分钟，活动身体。分段完成作业，大脑更轻松。

　　3.三步检查法：基础检查，如字迹是否工整、题目是不是都做了；重点复查，如数学计算再算一遍，课文填空对照课本；终极验收，用红笔圈出不确定的题，第二天问老师。

　　4.准备错题笔记本：把错题抄下来，用不同颜色的笔写下错题原因和正确解法，每周复习一次，防止遗忘。

☆**完成作业小口诀：**

　　一备二专注，三查四回顾，每天坚持做，进步藏不住！

五、用错题开启总结与反思

　　整理错题时我们会发现，很多错误不是因为知识没掌握，而是解题思路或习惯需要改进。分析错题能帮助我们找到具体原因是审题不仔细，还是解题方法不够恰当。把这些错题分类整理后，就能看出自己经常在哪些地方出错，比如单位总忘记写、应用题漏看关键条件等。通过反复分析这些错误，可以总结出更有效的解题方法，同时巩固相关知识。坚持整理和复习，既能减少重复犯错，也能让解题过程越来越规范，学习效果自然越来越好。

错题本

| 科目： | 来源： | 重要程度：☆☆☆☆☆ | 日期： |

错题：

解析：

原因分析：

知识点：

良性循环的学习方法

预习 —带着问题去听课→ **听课**

教材为主，其他为辅，把不懂的记录下来

利用康奈尔笔记法、"五到"学习法和二分法高效听课

中心：**坚持**

至少保证三次复习

完成作业之后再预习

作业 ←复习之后再写作业— **复习**

高效作业七步法：
记、复、定、备、做、检、结

利用康奈尔笔记法、费曼学习法、回忆法等复习

全流程优化 应用建议

1. 全流程优化能帮我们建立一个很好的学习正循环，但是需要运用其他的学习方法作为辅助，如康奈尔笔记法等。

2. 注意合理安排休息，避免过度劳累。保持充足的睡眠时间，这对提高学习效率和保持良好心态至关重要。

"五到"学习法

"五到"学习法，即"笔动、目视、口问、耳听、心悟"，它不仅是一种卓越的课堂参与方法，更是成就高效学习闭环的基础。"五到"学习法是一种非常实用的学习方法，它能帮助我们更全面地理解和掌握知识，提高我们的学习能力和学习效率，为学习过程中的每个环节奠定坚实的基础。

学霸绝招大放送

"五到"学习法不仅适用于听课环节，还可以贯穿整个学习过程。通过手、眼、口、耳、心的参与，形成一个良性循环的学习方法。

一、积极记录，巩固记忆

"笔动"就是在学习中记好笔记，无论是课前笔记还是课堂笔记，都可以加深我们对知识点的理解和记忆。同时，笔记也是我们课后复习的重要资料，能够帮助我们回顾课堂内容，巩固所学知识。

二、留心观察，专注细节

"目视"就是要仔细观察。比如，看书时要认真看每一个字、每一句话，看老师的板书时要仔细捕捉每一个重点。这样，我们可以更全面地理解学习内容，避免遗漏。

三、积极提问，互动交流

"口问"就是要敢于开口。比如，在课堂上积极回答老师的问题，和同学讨论问题时大胆发表自己的见解。通过开口，我们可以锻炼自己的表达能力和沟通能力，还能加深对知识的理解和记忆。

四、认真倾听，捕捉信息

"耳听"就是要认真倾听。比如，在课堂上认真听老师讲课，听同学发言。通过倾听，我们可以获取大量的信息，包括老师对知识点的阐述、分析及解题思路等。这些信息对于我们理解和掌握知识点至关重要。

五、深入思考，主动理解

"心悟"是"五到"学习法的核心，指在学习过程中要用心思考，主动理解和掌握知识。比如，理解知识的内涵和外延，思考知识之间的联系和区别，继而形成自己的知识体系。

"五到"学习法 应用建议

1. "五到"学习法并不适合所有学习者，可以根据自身情况有选择地做到其中的某几个方面，避免全面开花但效果不佳。

2. 如果只是机械地记录笔记和回答问题，而没有用心消化知识点，相当于做了无用功。因此，应该注意"心悟"的重要性。

3. 在有限的时间内，做到"五到"可能导致时间分配不均，或因过于追求全面参与而忽略了关键信息，可以借鉴一些实践管理方法来合理安排时间。

第四章

记忆有方法

与遗忘作斗争，告别记不住

 **漫绘时刻**　　记忆力是智力的拐杖,记忆力是智慧之母。　　——亚里士多德

1 快速记忆你也行

见招拆招

知识如大海一样浩瀚无边,记不住或记混乱是常有的事,因此,记忆力是我们在学习中最大的挑战。其实,记忆是有窍门的。我们可以用简单易懂的方法去记忆复杂繁多的知识,就像使用公式一样,只要方法对,就会有意想不到的收获。

破 ▶ 找出记忆难点

- 死记硬背,记得多,忘得快。
- 理解能力差,尤其是对抽象概念。
- 注意力不集中。
- 对记忆对象没兴趣。
- 记忆方式出问题。

攻 ▶ 击碎记忆难点

- 利用对图像的敏感度,将枯燥乏味的知识点转化为有趣的图像。
- 将一天所学的知识像放电影一样在脑子里回放。
- 巧用碎片时间加强记忆,学会利用便利贴、小卡片等工具。

方法藏在故事里

《三国志·魏书·王粲传》中记载了这样两件小事。

一个春日的午后，王粲与几位好友结伴闲游，忽见路旁矗立着一座历经风霜的古碑，碑文斑驳。王粲缓缓走近，细细端详起碑文。碑文描述了一位古代先贤的功绩与德行，文笔古朴，意蕴深远。"好文章！"王粲不禁赞叹出声，随即轻声诵读起来，每一个字都仿佛蕴含着他内心深处的共鸣。一旁的好友见状，试探性地问道："子建（王粲的字），你竟能即刻诵读，莫非已能背诵此碑？"王粲微微一笑，轻声道："然也。"说罢，他转过身去，背对古碑，闭目沉思片刻，随即开始背诵。起初，众人只觉依稀相似，但随着王粲的背诵越来越流畅，每一个字、每一句话都与碑文完全吻合，不禁对王粲的记忆力表示赞叹。

夏日炎炎，王粲应邀至一友人府邸避暑。庭院中，两人正在对弈，黑白棋子交织，局势错综复杂。王粲坐在一旁观战，时而蹙眉沉思，时而点头赞许。突然，几枚棋子被碰落在地。在众人为棋局被毁惋惜之际，王粲站起身来，淡然一笑："诸位莫急，我可将其复原。"此言一出，众人皆愕然，以为他在说笑。然而，王粲却认真地把棋子一枚一枚地重新摆放好。这时有人用头巾把棋局盖上，并取来另一块棋盘以验证王粲的记忆力。王粲凭借记忆，在新棋盘上复原了之前的棋局。众人纷纷围拢过来，仔细比对两块棋盘，竟没有丝毫误差。在场的所有人都对王粲的记忆力佩服得五体投地。他们纷纷感叹，王粲不仅文采飞扬，更有着超乎常人的记忆力与智慧。王粲则谦逊地笑了笑，他知道，这些能力不过是他勤勉好学、善于观察与思考的结果罢了。

艾宾浩斯记忆法

艾宾浩斯用无意义音节作为记忆材料，通过节省法计算保持和遗忘的数量，并根据实验结果绘成了描述遗忘进程的曲线，即著名的艾宾浩斯遗忘曲线。艾宾浩斯记忆法是基于遗忘曲线所揭示的记忆规律而提出的一种记忆方法，它强调通过及时复习来对抗遗忘，提高记忆效率。

学霸绝招大放送

学习中，你有没有过这样的情况：用很短的时间记住了很多知识，但是第二天知识像是偷偷溜走了一样，脑子一片空白；花了很长时间背诵，但效果却不尽如人意，就好像狗熊掰苞米，掰一个丢一个。那如何改变死记硬背、背书吃力的情况呢？通过理解记忆、间隔重复可以有效减少遗忘。

遗忘其实是有规律的，遗忘的速度会随着时间的推移而逐渐减慢。具体来说，遗忘在学习之后立即开始，并且最初遗忘的速度很快；随着时间的推移，遗忘的速度逐渐减慢，最终趋于稳定。艾宾浩斯记忆法可以帮助我们对抗遗忘。

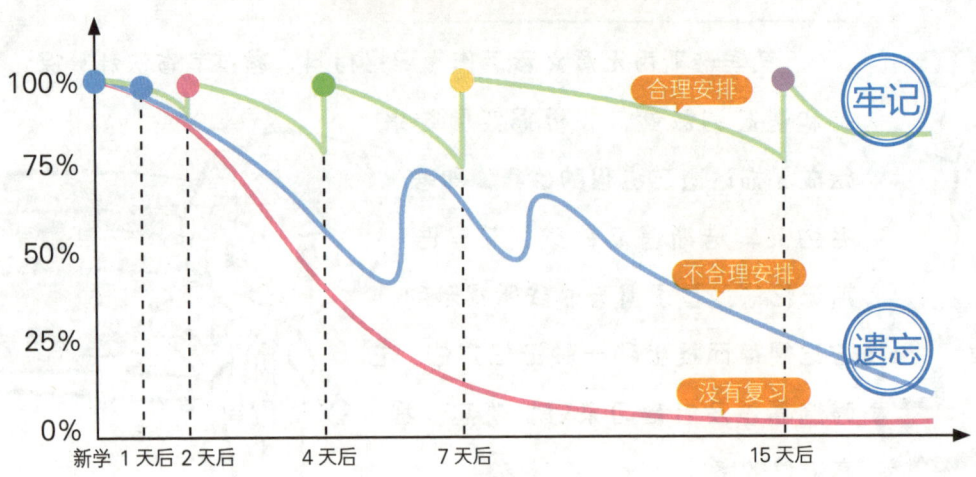

通过上图，我们可以直观地看到遗忘速度在记忆初期是最快的，越到后面越慢。如果你想挽救自己辛苦掌握的知识，那就要和遗忘来一场持久战。在快要忘记的时候，通过再次复习加深巩固记忆，直到完全记住。

艾宾浩斯记忆法的精髓就是：重复！不过是有方法、有技巧的重复。它强调在遗忘曲线所揭示的关键时间点上进行复习，以巩固记忆。

一、长度影响速度

大脑的黄金记忆数量是7，如果你记忆的数量超过了7，那么记忆难度就会增大。因此，初次记忆时可采用分段式记忆，将较长的文段或词组拆分，让它小于或等于7。如背诵圆周率时，就可以将一长串数字分成几段来记忆。

二、顺序影响时效

当知识被打乱顺序或无规律可循时，记忆难度也会加大。我们的大脑有着很强的联想能力，可以快速地从一个词或句子联想出更多的词句。试着按照自己的联想方式将知识重新排序，然后再去记忆。

三、理解助力记忆

理解是记忆的基础。先理解，再记忆，然后再结合联想，就可以把单一的知识串联成知识网。如背诵古诗词，背诵前先了解诗词背景、结构或意境，再发挥想象，想象诗词中描绘的场景和人物，记忆效率就会大大提高。

四、练习加深记忆

反复练习是强化记忆的有效途径。如在记忆同音字或近义词时，都可以通过反复诵读练习来加深记忆。

五、复习抵抗遗忘

根据艾宾浩斯遗忘曲线，按照时间节点不断复习，最后形成长期记忆。

用艾宾浩斯记忆法复习专业课知识

①日测：晚上睡觉前，可以将当天所学的知识择其要点复述、默写提纲或默想。然后第二天、第四天……再巩固循环。

②周测：周末休息时，可以把一周所学的知识先列个提纲，再慢慢填写；发现记忆不清或遗忘的，填写完后，马上解决，绝不拖欠。

③全书测验：一本书学完后，可以对照目录逐次复习内容，也可以挑选那些重要内容先进行复习。

艾宾浩斯遗忘曲线复习计划表

序号	学习日期	学习内容	记忆复习周期								
			当天	1天	2天	4天	7天	15天	1个月	3个月	4个月
1	月 日		1								
2	月 日		2	1							
3	月 日		3	2	1						
4	月 日		4	3	2						
5	月 日		5	4	3	1					
6	月 日		6	5	4	2					
7	月 日		7	6	5	3					
8	月 日		8	7	6	4	1				
9	月 日		9	8	7	5	2				
10	月 日		10	9	8	6	3				
11	月 日		11	10	9	7	4				
12	月 日		12	11	10	8	5				
13	月 日		13	12	11	9	6				
14	月 日		14	13	12	10	7				
15	月 日		15	14	13	11	8				
16	月 日		16	15	14	12	9	1			
17	月 日		17	16	15	13	10	2			
18	月 日		18	17	16	14	11	3			
19	月 日		19	18	17	15	12	4			
20	月 日		20	19	18	16	13	5			
21	月 日		21	20	19	17	14	6			

使用说明：

1.在背诵完的当天进行第一次复习，然后在第一天的下面打个钩。

2.第二天的复习也是同样的道理，复习完之后打钩。具体来说，第二天的内容背诵完后，要复习第一天的内容，所以复习完之后要在第二天的序号2和序号1下面打个钩。

3.第四天的内容背诵完后要复习第二天和第一天的内容，复习完之后要在第四天的序号3和序号2下打个钩。

如果你的记忆内容并不是很多,那就可以省去短期记忆复习周期,从第一天开始记录,即第一天背诵后,第二天复习一次,第四天再复习一次……按照这个规律每隔一段时间复习一次,至少复习七次。如果七次后还有些内容没有记住,那就把它摘出来,当作新一轮的记忆内容。

六、发挥自身优势

每个人在记忆方面的特点是不一样的,要发挥自己的优势。如果你擅长听觉记忆,那么就可以把知识点编成歌谣或口诀;如果你擅长视觉记忆,那么就可以把知识点想象成一个个画面。人类的大脑总是喜欢新奇有趣的事物,所以这些方法可以帮助加深记忆。

七、专注提升效率

专注是记忆最重要的一点,走神、分心、三心二意、一心多用都会影响记忆效果。如果你这一天要完成许多功课,最好的办法就是将这些功课按自己习惯的顺序逐一完成。集中注意力去完成,你会发现自己的记忆速度比以往更快。

艾宾浩斯记忆法 应用建议

1. 对于复杂的学习内容,除了按照遗忘曲线节点进行复习,还可以采用其他记忆策略进行辅助,如使用组块记忆法将多个信息点组合成一个整体去记忆。

2. 艾宾浩斯记忆法是一个漫长的记忆过程,学习者可能难以坚持长期的固定复习计划,从而影响记忆效果。所以,如果发现某个知识点的复习速度较快,可以适当增加复习次数或调整复习间隔,灵活运用。

漫绘时刻

劈柴不照纹，累死劈柴人。

——谚语

2 用笔记打通记忆堵点

见招拆招

无论是在学习还是生活中，勤于动手都是一个良好的习惯。有效的笔记习惯不仅能提升我们的学习效率，还能在学习和日常生活中提高我们的组织能力和思维能力。同时，记笔记还能防止遗忘，方便日后复习查阅。但是，像阿动一样，记的笔记太潦草，连自己都看不懂，那就等于白记了。

破 了解笔记种类

- 课堂笔记
- 读书笔记
- 复习笔记
- 主题分类笔记

攻 明晰笔记优点

- 加深理解。记笔记是一个知识筛选、整理和组织的过程，有助于加深我们对知识的理解。

- 强化记忆。笔记可以作为记忆知识的辅助工具，帮助我们回顾和复习所学内容，从而巩固记忆。

- 提高注意力。记笔记需要我们集中注意力，减少课堂分心，提高学习效率。

方法藏在故事里

小时候的张溥常因记不住知识而困惑。他暗暗发誓："他人一遍能记住,我何尝不能十遍、百遍地努力?"于是,当其他孩童都在嬉戏时,张溥就独自坐在窗前,一遍又一遍地大声诵读着课文,那声音里充满了对知识的渴望和对自我的挑战。

日子一天天过去,张溥的努力有了成效,他的记忆力有了明显的提升。然而,一次课堂上的小插曲,却让他意外地发现了更加高效的学习方法。那日,老师抽查背诵,起初张溥还算流利,但不久便卡壳了。老师见状,用戒尺轻责以示训诫,并责令他抄写十遍课文。回到家,张溥便一丝不苟地完成了抄写任务。当第二天他再次站在老师面前背诵时,奇迹发生了——他竟能一字不落地背诵全文,令老师刮目相看。回家的路上,张溥心中又疑惑又喜悦,他开始反思:"莫非是这十遍的抄写,让我对课文有了更深的理解和记忆?"

张溥决定在学习中实践"抄写助学"的方法。他不仅加倍努力背诵,而且在每次学习新课文时,都先通读一遍,随后便动手抄写。随着笔尖在纸面上跳跃,他发现自己对文字的理解逐渐加深,记忆也愈发牢固。当抄写到第五遍时,他已能初步背诵;至第七遍,则全文贯通,熟记于心。那一刻,他兴奋地自语:"果真是'眼过千遍,不如手过一遍'啊!"

此后,张溥坚持不懈地抄书、背书,积累了丰富的学识。他的才华逐渐显露,最终成为一位备受尊崇的文学家。之后,张溥还特意将自己的书房命名为"七录斋",并将自己的诗文作品编纂成集,名为《七录斋集》,流传后世,激励着一代又一代的学子勤奋学习。

康奈尔笔记法

康奈尔笔记法又称"5R笔记法",是康奈尔大学的沃尔特·波克教授于1974年提出的一种高效的记笔记方法。康奈尔笔记法的优点在于其系统性和高效性,通过将笔记空间进行分隔,使得笔记更加清晰、有条理,便于日后的复习和查找。同时,通过简化、背诵和思考等步骤,加深对知识的理解和记忆。

学霸绝招大放送

你知道记笔记的目的是什么吗?记笔记的目的不是重复过去,重复他人,而是创造未来,创造自己。记笔记不仅要记下看到的,听到的,还要写下自己的思考。你可以记录下关键的前因后果,让自己以后可以看懂这个信息或知识。笔记是要被自己使用的,是你以后阅读、学习的资料。

事实上,笔记也有很多分类,比如记录会议内容的会议笔记,记录读书感想的读书笔记,记录电影观感的电影笔记,记录课堂知识的课堂笔记等。

课堂笔记和读书笔记是我们现阶段运用最多的。认真记好课堂笔记,以听为主,以记为辅;简练明白,提纲挈领,详略得当;难点不放过,疑点有标记；不乱，不混，条理清晰；对联想、发现的问题，要及时记；笔记要留有空白处，便于复习时查漏补缺。

一、如何高效记笔记？

高效记笔记是提升学习效率的重要手段，而康奈尔笔记法是一种被广泛认可的高效笔记方法。

线索栏

梳理笔记，

提出问题，

不要只罗列关键词。

笔记栏

记录上课的知识、

读书笔记、

讲座内容等。

总结栏

写下自己的心得体会，以便于以后复习查阅。

二、记笔记该记哪些内容呢?

1. 写下老师讲课的重点，比如提纲、解题方法，以及听不懂的地方和自己学到的新知识。

2. 记下老师解题时的想法和思路。还要记住那些简便、新颖的解题方法。

3. 把课堂上没弄懂的问题写下来。想想新知识和以前学过的知识有什么关系，哪些概念容易混淆。

4. 只记重要的点，书上有的就不用多写了。可以在笔记本上留个位置，下课后再补充笔记或者看书复习。

5. 预习时不懂的地方和自己的薄弱点也要记下来。

三、记笔记有哪些好处?

1. 思想不易开小差，因为上课时要边听边记边思考。有助于集中注意力，加强对知识的理解与吸收。

2. 记笔记要手、眼、耳、脑并用，使感觉器官和思维得到综合训练，提高学习能力，锻炼逻辑思维能力。

3. 提高文字应用能力，练就速记本领。

4. 省去考前突击查资料、重新思考、临时归纳所花的时间，能得到事半功倍的效果。

康奈尔笔记法 应用建议

1. 对于刚开始使用康奈尔笔记法的学习者，可先从一个学科入手，熟练后再全面使用。

2. 根据自身学习习惯和课程特点，适当调整笔记结构和记录方式。

3. 坚持每周或每月回顾一次笔记，既巩固知识又能及时补充新的理解和感悟。

知识，只有当它靠积极的思维得来而不是凭记忆得来时，才是真正的知识。

——列夫·托尔斯泰

3 赢在起跑线的思维训练

见招拆招

如果缺乏对知识背后规律的深入理解，那么这些知识就像是无根之木，难以形成深刻的理解和记忆。思维导图能够有效地帮助我们拨开迷雾，清晰地勾勒出知识的脉络，让我们深刻理解知识的内在结构。

破 发现思维混乱

- 知识掌握了，但是复习的时候发现不成系统。
- 付出了很多努力，却不能把知识串起来，记不全。
- 知识点庞杂，总把一些知识弄混淆。

攻 捋顺脑中思维

- 深入剖析每个知识点的独特性和关联性，有助于更好地理解和记忆。
- 选择适合自己的记录工具，如思维导图、笔记软件等，以高效整理知识体系。
- 通过口头讲解、写作等方式，将所学知识转化为自己的语言，以加深理解和记忆。

方法藏在故事里

田忌赛马是中国古代著名的智慧故事,出自《史记·孙子吴起列传》。这个故事讲述了战国时期,齐国的大将田忌与齐威王进行赛马比赛,田忌在孙膑的帮助下,通过巧妙的策略赢得了比赛。

田忌经常与齐国的贵族们赛马,然而他的马匹虽然不少,但总体上并不如齐威王的马优良。每次比赛,田忌总是输给齐威王。为此,田忌感到很沮丧,但他并没有放弃,而是积极寻找改变局面的方法。

孙膑是战国时期的著名军事家,他善于运用策略,对兵法有着深刻的理解。孙膑告诉田忌,可以通过改变赛马的出场顺序来赢得比赛。具体来说,就是用田忌的下等马对齐威王的上等马,用田忌的上等马对齐威王的中等马,用田忌的中等马对齐威王的下等马。这样,虽然田忌在第一个回合会输掉比赛,但在接下来的两个回合中,他都能赢得比赛,从而以两胜一负的总成绩获胜。

田忌听从了孙膑的建议,果然在赛马中取得了胜利。齐威王对田忌的胜利感到惊讶,询问他是如何做到的。田忌便将孙膑的计策告诉了齐威王,齐威王因此对孙膑的才华大加赞赏,并邀请他做自己的军师。

这个故事不仅展示了孙膑的智慧和策略,也体现了通过巧妙的安排和策略,即使实力稍逊一筹,也有可能在竞争中取得胜利的道理。同时,它也告诉我们,在面对困难和挑战时,应该积极寻求解决问题的方法,而不是一味地抱怨或放弃。

思维导图

思维导图又称"心智图",是表达发散性思维的有效图形思维工具。它简单、高效,是一种实用的思维工具。思维导图运用图文并重的技巧,把各级主题的关系用相互隶属与相关的层级图表现出来,将主题关键词与图像、颜色等建立记忆链接。

学霸绝招大放送

思维导图相当于大脑的"发动机",让你在没想法时产生想法,有想法时丰富想法,既可以用可视化的方式将大脑的思维呈现出来,又可以让每个想法各归其位。思维导图的主要特点是主题突出、分支发散、层次分明、思路清晰、视觉呈现。

在小学阶段,我们的成绩差异是非常大的,有的学生可以得满分,而有的同学只能拿到70分,特别是进入三年级之后,这种成绩的差异愈发明显。那么,如何才能迅速、准确地提升成绩呢?思维导图就是一个简单易学的方法。思维导图的主要作用在于它的多元化,不论是主观题还是客观题,只要有了思路,问题就可以轻松得到解决。

思维导图的八种固定图形模式，每一种图形对应一种逻辑。

圆圈图

拓展创新思维，头脑风暴好帮手

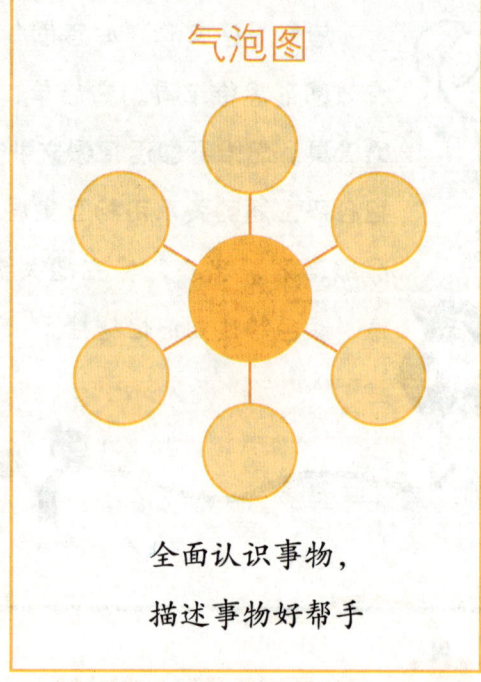

气泡图

全面认识事物，描述事物好帮手

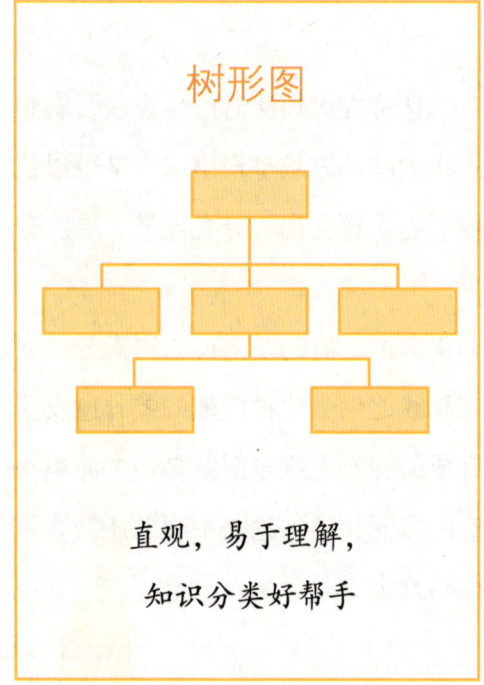

树形图

直观，易于理解，知识分类好帮手

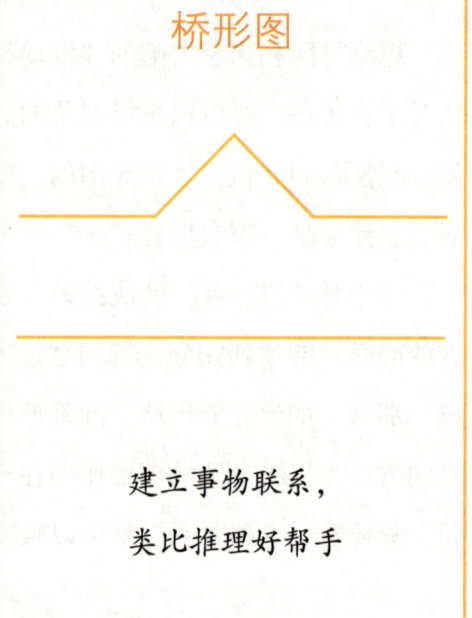

桥形图

建立事物联系，类比推理好帮手

第四章 记忆有方法　与遗忘作斗争，告别记不住

双气泡图

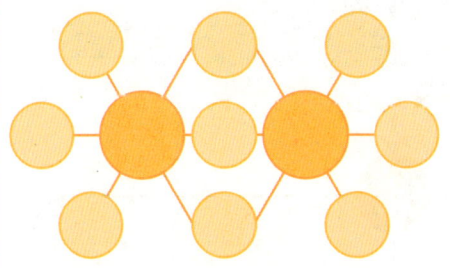

找出不同和关联，
对比分析好帮手

流程图

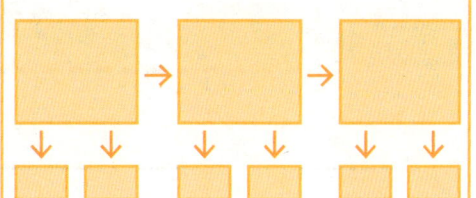

理清顺序步骤，
逻辑分析好帮手

括号图

厘清整体与部分的关系，
构成拆解好帮手

复流图

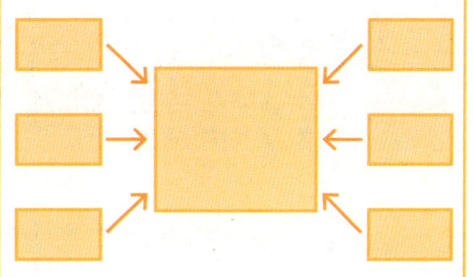

快速解决问题，
因果分析好帮手

学无定法 拿来就用的 25 种高效学习法

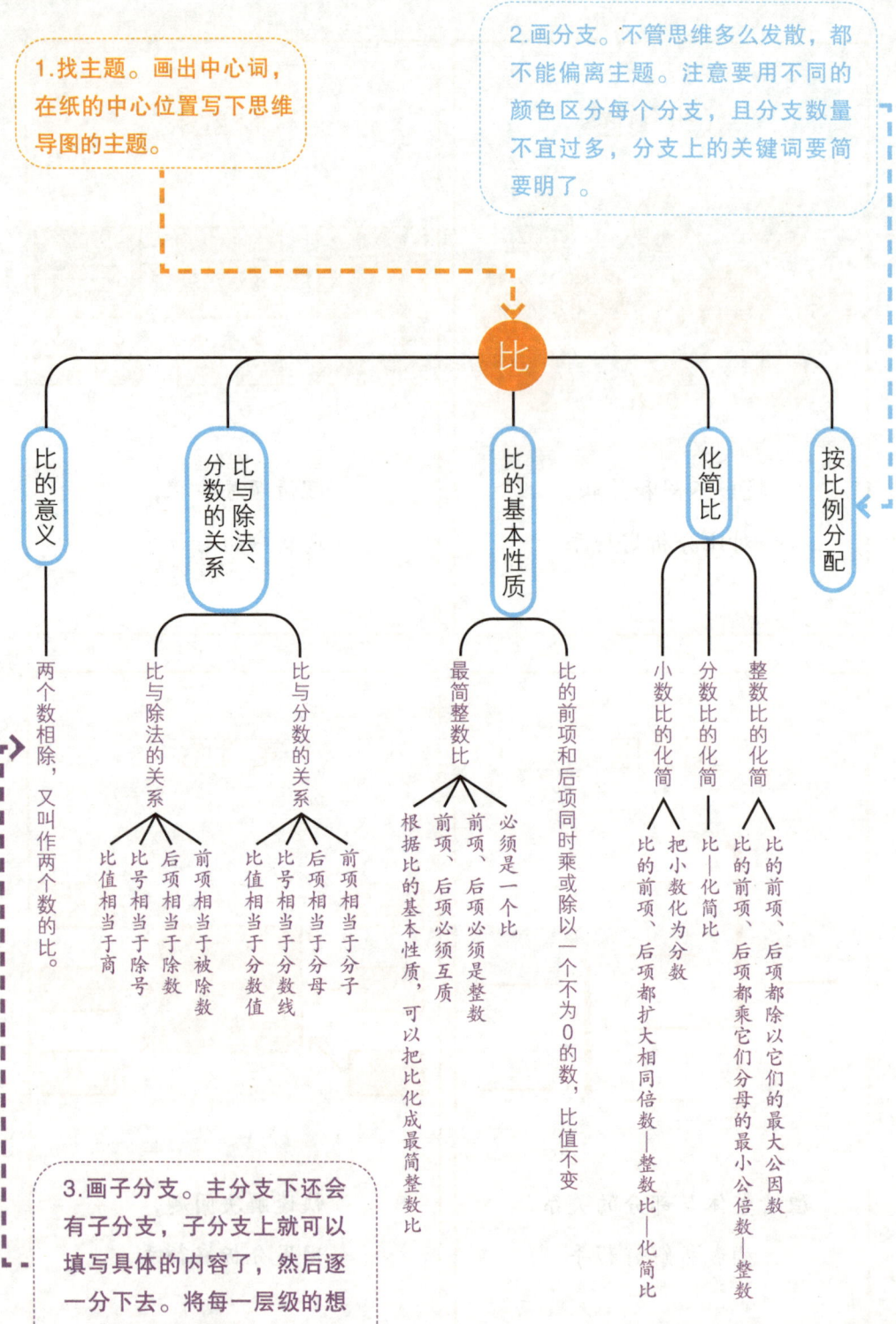

1. 找主题。画出中心词，在纸的中心位置写下思维导图的主题。

2. 画分支。不管思维多么发散，都不能偏离主题。注意要用不同的颜色区分每个分支，且分支数量不宜过多，分支上的关键词要简要明了。

3. 画子分支。主分支下还会有子分支，子分支上就可以填写具体的内容了，然后逐一分下去。将每一层级的想法都整齐地排列好。

使用思维导图，可以帮助我们快速梳理重点。通过缩短词语或使用关键词、短语等方式将复杂信息整合成简洁的形式，供我们在高密度的学习中更便捷地识别和记忆。比如，在学习历史时，我们可以创建一个以战争、政治、文化等关键词为核心的思维导图，将知识按照时间、地点、人物等分类并以关键词表达。这样不仅可以帮助我们理解历史知识的发展脉络，还可以避免遗漏重要的知识点。

使用思维导图，可以帮助我们提高记忆效率。面对繁多的学科知识，我们需要更便捷、更高效地进行记忆。思维导图可以帮助我们在短时间内学习和记忆大量的内容。比如在学习英语单词时，就可以创建一张以字母为中心的思维导图，将同一个首字母的单词分别罗列，再添加词性、词义等信息。

使用思维导图，可以突破思维定式，提升创意和灵感的启发力。如在进行头脑风暴时，我们可以将关键词放在思维导图中心，将想到的所有概念、词汇等都罗列出来，并尝试整理出一些概念之间的联系，以帮助我们更好地理解和利用其中的素材，挖掘更多的想法。

思维导图通过图形、线条和颜色等视觉元素，将复杂的知识进行梳理和呈现，有助于我们更好地理解和掌握知识。

思维导图 应用建议

1. 找准关键词，尽量使用单个的词而非词组。
2. 区分层级，找出主角和配角，注意上下层级之间的关联度。
3. 注意可视化和美观性，突出重点，中央线条加粗，分支设计成不同形状以示区别。

想象才是知识进化的源泉。

——爱因斯坦

4 拒绝死记硬背，摆脱无效学习

见招拆招

叶圣陶先生有句名言：读书忌死读，死读钻牛角。读书并非死记硬背，而是要灵活运用，以增长见识和提高智慧。

记忆是学习的基础，也是令许多人头痛的问题。面对枯燥的知识点，不少人陷入死记硬背的泥潭，效率低下，效果不佳。其实，记忆并非只能靠蛮力，掌握科学的方法，就能轻松提升记忆力。

破一 找出记忆痛点

- 背诵没效率。
- 新知识记不长久。
- 知其然，不知其所以然。

攻一 提高记忆黏性

- 刻意练习，大脑里拥有的原材料越多，可以重组、构建的就会越多，创造力也就越大。
- 换角度思考问题，通过不同的视角和联想，使记忆更加持久。
- 理解透彻很重要，要想记得牢，先要吃得透。

方法藏在故事里

古代有一个嗜书如命的书生叫王寿，他既热爱阅读，又痴迷于藏书。家境贫寒的他无力购买书籍，便四处借阅，再亲手抄录在竹简上，以备日后随时翻阅。久而久之，王寿家中渐渐堆满了沉重的竹简。为确保竹简免受虫蛀，他每年都要将这些宝贝移到户外晾晒，并细心修补模糊或脱落的文字。

王寿终身未娶，无儿无女，所有的精力与时间都倾注在了读书这一件事上。

王寿的母亲离世后，他悲痛欲绝，却又舍不得那些心爱的竹简，于是精心挑选了五册，打算随身携带回家奔丧。

这五册竹简异常沉重，王寿没走多远便已汗流浃背，喘息不止。就在这时，一位名叫徐冯的路人认出了这位爱书之人，上前搭话。

徐冯道："王寿先生，久仰大名。见背负如此重担，便知是你无疑。世间爱书之人虽多，却无人能及你的痴迷啊。"

王寿谦逊回应，徐冯却话锋一转，直言不讳："你误会了，我并非夸赞，只觉你是个呆子。人生在世，应随境遇变迁而灵活应对。童年嬉戏，青年奋斗，国家清明则出仕，世道混乱则隐居。"

王寿点头认同，徐冯继续说道："读书亦须变通，其目的在于应用，而非单纯积累知识。你虽博览群书，却未曾提笔著文，更未在书中探寻人生真谛。"王寿闻言，心中一震。

徐冯又道："你将读书变成了负担，这样的阅读又有何意义？"

王寿恍然大悟，当场点燃了那些竹简，轻装前行。

此后，他痛定思痛，改变了读书的方法，不再拘泥于文字，而是活学活用，终成一代大家。

联想记忆法

联想记忆法基于联想思维,即当我们的大脑接收到某个信息或刺激时,会自动联想到与之相关的其他信息或概念。事物和知识都是相互关联的,所以在思考过程中,联想既成了基本的思维方式,也是记忆的重要手段。通过使用联想记忆法,我们可以将需要记忆的信息与已知的信息或熟悉的事物联系起来,从而更容易、更有效地记住它们。

 **学霸绝招大放送**

联想记忆法利用事物间的联系来增强记忆效果,可分为接近联想、类似联想、对比联想和因果联想等。根据不同的记忆内容和场景,我们可以灵活运用不同的联想记忆法来提高记忆力。

接近联想

场景:记忆对象在时间或空间上有接近关系。
方法:利用事物之间的接近关系来建立联想。
举例:记忆历史事件时,按照时间顺序将相关事件串联起来。

类似联想

场景：记忆对象在性质、成因、规律等方面存在相似性。

方法：寻找事物之间的相似性来建立联想。

举例：记忆英语单词时，将发音或意义相似的单词放在一起记忆。

对比联想

场景：记忆对象之间存在明显对立或差异。

方法：通过对比事物的不同点来建立联想。

举例：记忆地理知识时，可以将气流状况与天气情况进行对比记忆。

故事联想

场景：需要将多个信息点整合成一个连贯的记忆。

方法：将需要记忆的信息编织成一个有趣的故事。

举例：记忆历史年代或人物时，就可以将人物和时间带入事件，通过故事情节来加深记忆。

用接近联想记忆法巧记文学常识

洛阳古称西亳、洛邑、雒阳、洛京、京洛、神都、洛城等，曾是东汉、魏、西晋、北魏、后梁、后唐、后晋等朝代的都城，是中国的四大古都之一。——西安、南京、北京和洛阳并称为"中国四大古都"。——东汉时期，洛阳是全国的文化中心，藏书丰富，文人汇聚。班固生在洛阳，长在洛阳，并在洛阳撰写了我国第一部断代史《汉书》。《汉书》开了纪传体断代史的先河，为后世历代正史的编撰提供了重要范例，此后的《后汉书》《三国志》等多依此体例编写。——《史记》《汉书》《后汉书》《三国志》并称为"前四史"。

洛阳是一座美丽的牡丹花城。——"唯有牡丹真国色，花开时节动京城"，刘禹锡的这句诗生动展现了洛阳牡丹盛开时的倾城之美，将牡丹的华贵与洛阳城因牡丹而沸腾的热闹场景描绘得淋漓尽致。——刘禹锡，字梦得，洛阳（今河南洛阳）人，唐代文学家、哲学家，有"诗豪"之称。他善用比兴寄托手法，诗作通俗清新。

联想记忆法 应用建议

1. 展开联想的前提是要符合知识逻辑和内在联系。
2. 注重联想记忆与理解记忆相结合，才能使记忆更牢固。
3. 没有理解的记忆是不长久的，不要养成"搭顺风车"的思维习惯，顺口溜张口就来，但不知道什么意思，这样背了等于没背。

书到用时方恨少,事非经过不知难。 ——《增广贤文》

5 高效阅读"五步走",不再读完就忘

见招拆招

在当今这个信息爆炸的时代,书籍依然是知识与智慧的宝库,是心灵得以滋养与成长的源泉。然而,要想真正领略到读书的魅力与力量,并非易事。它要求我们具备耐心与毅力,愿意投入时间与精力,去细细品味每一个字句背后的深意。在阅读的过程中,我们不仅要理解作者的观点与情感,更要学会批判性地思考,从中汲取营养,形成自己的见解。

破一 明白阅读关键

- 阅读类型很重要,要选择有营养的书,拒绝"快餐书籍"。
- 阅读要有长远计划,不可三天打鱼,两天晒网。
- 阅读要讲究方法,精略得当。

攻一 养成阅读习惯

- 每天固定在某个时间看书,或是每天固定抽出若干时间读书。
- 读书要循序渐进,起步阶段制定的目标可以小一点。
- 习惯的养成贵在坚持,要从阅读中找到乐趣与意义,主动思考,与家人、同学分享阅读心得。

方法藏在故事里

钱锺书先生，一位毕生致力于学问探索的杰出学者，以其独特的"笔记读书法"在学术界留下了深刻的印记，成了后世学习的楷模。他的这一方法不仅彰显了他对知识的无限热爱，更是高效阅读与深度学习的典范。

钱锺书读书不仅仅是为了获取信息，他更注重知识的内化与深化。他边读边记，笔记随着阅读的深入而日益丰富，这一过程几乎占据了阅读时间的一半。这种眼手并用的方式，为知识的吸收与巩固提供了坚实的基础，仿佛为智慧的种子提供了肥沃的土壤，使它们得以在大脑中生根发芽，最终长成参天大树。

真正的读书不仅仅是浏览，更在于理解、消化与应用。因此，他强调读"活书"，反对死记硬背，主张将所学知识灵活运用于实践之中。钱锺书先生对时间的珍惜也令人敬佩。时间是宝贵的，因此他选择深居简出，拒绝一切浮华与喧嚣，将有限的生命投入无限的学习与探索。他的笔记，无论是中文还是外文，都堆积如山。这些笔记不仅是他学术研究的基石，更是他勤奋与坚持的见证。

他的代表作《围城》更是他深厚学术功底与卓越文学才华的集中体现。这部作品不仅在中国文学史上留下了不可磨灭的印记，更展示了钱锺书先生将所学知识灵活运用于文学创作中的高超技艺。

钱锺书先生的"笔记读书法"不仅是他个人治学经验的总结，更是给后世学子的宝贵启示。它告诉我们，高效阅读不仅仅是浏览文字，更需要用心去理解，去记忆，去应用。只有这样，我们才能真正将书中的智慧转化为自己的力量，推动社会的发展与进步。

SQ3R 阅读法

SQ3R阅读法也叫"五步阅读法",是由美国教育心理学家罗宾逊提出的,其名称来源于五个步骤的英文首字母:Survey(浏览)、Question(提问)、Read(阅读)、Recite(复述)、Review(复习)。它可以让人们在阅读中抓住重点,并在适当的学习后记住那些知识,让阅读和学习更有效率。

学霸绝招大放送

很多人读书,总是看了就忘,或者做了笔记,但是过段时间又跟没看过一样。针对这种问题,我们可以尝试SQ3R阅读法,提高知识内化效率,做到真正的"过目不忘"。

正如朱熹所言:"读书之法,在循序而渐进,熟读而精思。"这也是SQ3R阅读法的关键所在。如果你想提高阅读效率,实现弯道超车,那SQ3R阅读法绝对不容错过!

SQ3R 阅读法的优点在于它能够帮助我们更加主动地参与阅读,通过提出问题、寻找答案、复述和复习等步骤,更好地理解和记忆所读内容,同时培养批判性思维和自主学习能力。这种方法特别适合于精读教科书及经典著作,能够帮助我们有效提升阅读效率。

SQ3R

S / 浏览 Survey
- **方法**：综览全书的目录、前言、摘要、章节划分等内容。
- **要求**：快速通览，不在具体内容停留。
- **目的**：了解整本书的背景框架，建立对整本书的初步印象。

Q / 提问 Question
- **方法**：带着问题阅读，边粗读边提问。
- **要求**：用 5W1H 法（who、when、what、where、why、how）提问。
- **目的**：带着问题去读书，可以增加读书的兴趣，提高读书的效率。

R / 阅读 Read
- **方法**：带着问题找答案，通过精读，将疑问全部解决。
- **要求**：画重点、难点；写批注、心得；勤思考、延伸；多关联、内化。
- **目的**：读懂内容。

R / 复述 Recite
- **方法**：读完某个章节或整本书后，对重点内容进行回忆，或者写读书小结。
- **要求**：用自己的语言复述所学内容，避免原文背诵。
- **目的**：将知识理解透彻。

R / 复习 Revive
- **方法**：及时查漏补缺，确保形成长期记忆。
- **要求**：梳理重点知识脉络（可以使用思维导图）。
- **目的**：温故知新，强化记忆。

用SQ3R阅读法读小学必读名著《城南旧事》。

1. 浏览

快速浏览《城南旧事》的封面和序言。从封面了解书籍的基本信息,如作者、出版社、出版时间等;从序言中了解主人公的成长环境、家庭背景或故事发生的时代背景,这将为阅读全书提供重要的背景信息。

书名《城南旧事》说明将要讲述在城南发生的故事。封面以一个小女孩为中心,预示着故事将从这个小女孩的视角展开。封面给我们一种温馨、怀旧的感觉,奠定了故事怀念、感伤的情感基调。

查看目录与章节标题:目录中的章节标题,如"惠安馆""我们看海去""兰姨娘"等,直接揭示了书中的主要故事线和场景。通过浏览这些标题,可以初步了解故事的多样性和复杂性。

2. 提问

基于浏览提出问题。在浏览之后,根据书籍的主题、结构和内容,提出一系列问题,如"这本书主要讲述了哪些故事?""每个故事的主要人物和情节是什么?""这些故事反映了怎样的社会背景和时代背景?"

惠安馆里的"疯子"秀贞和妞儿之间有着怎样的故事?

住在北京城南惠安馆附近的英子有两个好朋友:一个是住在惠安馆的疯子秀贞,一个是在油盐店认识的小朋友叫妞儿。妞儿是个孤儿,养父对她不好,常常责打她,逼迫她学戏。秀贞的情人是个学生,回福建老家后杳无音信。秀贞生下的小孩被父母扔到城门口,所以秀贞疯了。英子在分别与两人交流嬉戏的时候无意间了解到秀贞和妞儿可能是失散的母女,遂产生了使她们相认的想法。在英子淋了雨发烧那天,秀贞带了妞儿偷偷走了,说是去福建找父亲。

"我们看海去"这一章节中的神秘人物是谁?他为什么想要去看海?

在章节的尾声,一切真相大白。神秘人就是人们一直在寻找的"贼",他是一个小偷,他偷东西是为了供自己的弟弟上学。他与英子的约定"我们看海去"不仅仅是一个简单的约定,更是他对自由和美好生活的渴望和追求。

兰姨娘是如何进入英子家的?她的到来给英子家带来了哪些变化?

兰姨娘进入英子家是因为她在前夫家受到了严重的欺辱和折磨,无法忍受,最终逃离了那个家庭,投奔了英子。

兰姨娘的到来打乱了英子家的平静生活。她性格开朗,常常带英子出去玩,给家里带来了欢声笑语。英子对兰姨娘的态度经历了从好奇到疑惑、不解,再到愤怒和恨意的变化。她逐渐发现了兰姨娘生活中的秘密,意识到了生活中的不公与复杂。兰姨娘的到来对英子的母亲造成了威胁,因为英子的父亲对兰姨娘产生了感情。为了保护家庭,英子有意为德先叔和兰姨娘创造单独相处的机会,最终促成了他们的爱情,并帮助他们离开了北京。

> 书中如何展现当时北京的社会风貌和人们的生活状态？

> 书中不仅展现了老北京的风貌，还反映了童年的纯真与成长中的酸甜苦辣。主人公英子在成长过程中经历了生离死别等痛苦。这些经历让她逐渐成熟，学会面对生活中的困难和挫折。在这个过程中，她始终保持着对生活的热爱和对美好事物的向往。这种情感表达使得读者能够感受到童年的美好和成长的痛苦，从而引发共鸣。

设定阅读目标：明确自己的阅读目标，比如希望通过阅读这本书了解某个历史时期的社会风貌，或者学习作者如何描绘人物和情节等。

深入理解英子的成长历程和她对周围世界的观察与感受。

探究书中不同人物的性格特点和命运轨迹。

分析书中描绘的北京城南的风土人情和社会变迁。

3. 阅读

仔细阅读文本：带着在浏览阶段提出的问题和设定的阅读目标，开始仔细阅读《城南旧事》的文本。

在阅读过程中，要特别关注英子与各个角色的互动，以及这些互动如何推动故事的发展。例如，在"惠安馆"一章中，要注意英子如何与秀贞建立友谊，并帮助她寻找失散的女儿。

边读边思考：在阅读过程中，要边读边思考，将新知识与已有知识相结合，加深对文本的理解。同时，可以做一些简单的笔记或标记，帮助自己记住关键信息和重要观点。思考书中描述的每个场景和事件背后的意义，以及它们如何反映了当时社会的某些方面。例如，"我们看海去"一章中，神秘人物对自由的向往和对现实的无奈，可能反映了当时社会底层人民的处境。

4. 复述

回忆并复述内容：在阅读完一个章节或一部分内容后，尝试用自己的话复述所读内容，这有助于检验自己的理解程度，并加深记忆。以"惠安馆"为例，复述英子如何认识秀贞，她们之间的友谊如何发展，以及最终英子如何帮助秀贞找到妞儿并试图让她们团聚的故事。

检查理解程度：通过复述，检查自己是否理解了故事中的人物关系、情节发展和主题思想。如果发现有遗漏或理解不清的地方，可以重新阅读。

5. 复习

回顾并总结：在读完全书后，回顾整个阅读过程，并总结书籍的主要内容和核心观点。这有助于巩固所学知识，并加深对书籍的理解。通过回顾英子的成长轨迹和她经历的重大事件，总结书中不同人物的性格特点和命运归宿，以及这些人物和事件如何共同构成了《城南旧事》这部作品的丰富内涵。

温故而知新：在复习时，可以重点关注书中那些触动自己心灵的场景和对话，思考它们对自己有什么启示或影响。同时，也可以尝试从不同的角度解读这部作品，比如从女性主义、儿童视角或社会变迁等角度来分析。

SQ3R 阅读法 应用建议

1. 复习是 SQ3R 阅读法中最重要的一步，忽视复习等于前功尽弃。

2. SQ3R 阅读法中的提问阶段是为了激发好奇心和思考能力，因此，我们应该从书名、标题上就开始提出问题，并在阅读过程中不断提出新的问题，要一直带着问题去阅读。

第五章

放松有方法

破解行为密码，增强自控力

> 锲而舍之，朽木不折；锲而不舍，金石可镂。
> ——荀子

1 让"三分钟热度"持续升温

见招拆招

　　三分钟热度是意志力的最大天敌,当我们被新事物、新目标或新计划所吸引时,往往会产生一股强烈的冲动和热情,想要积极地去改变现状、实现梦想。然而,这种热情如昙花一现,很快便消退了。这种快速消退的热情可能导致我们自我怀疑,进而削弱心理韧性和自我成就感。要打破"三分钟热度"的魔咒,关键在于培养强大的意志力。意志力就是控制自己注意力、情绪和欲望的能力。一个人有了意志力,就有了克服困难的心理动力,面对目标就会更加坚定,不会轻易放弃。

破 明白意志不坚定

- 逃避问题,轻易放弃。
- 依赖别人。
- 兴趣一时起,三分钟热度。

攻 搭建自我意志力

- 将大目标分成若干个小目标,以便逐步实现。
- 培养自律的习惯,坚持每天打卡。
- 学会管理自己的情绪,多给自己积极的心理暗示,遇到困难时调整心态,以积极的态度看待挑战,视其为成长的机会。

方法藏在故事里

王羲之自幼对书法情有独钟，目睹父辈挥毫，被其流畅与力度深深吸引，立志成为书法大家。父亲王旷见状，赠以珍贵古帖，并告诫他书法之路需恒心与毅力。王羲之接过古帖，眼神坚定，自此踏上不凡之旅。

此后，王羲之无论餐食行走，皆不忘练字，手指磨茧，衣物划破，也乐此不疲。家中清池因常年洗笔渐成"墨池"，成为其不懈努力的见证。练字之路并非坦途，面对笔画不精或技艺瓶颈，王羲之时有烦躁与迷茫，但总能铭记父训与初心，重燃斗志，持续精进。

除了勤奋练习外，王羲之还非常注重学习和创新。他广泛阅读书法典籍，汲取前人的智慧和经验；同时，他也敢于打破传统，勇于尝试新的书写方法和技巧。正是这种不断学习和创新的精神，使他的书法技艺日益精进，最终形成了自己独特的风格。

经过数十年的不懈努力和坚持，王羲之终于成为一代书法大家。他的书法作品被誉为"飘若浮云，矫若惊龙"，深受世人喜爱和推崇；而他与墨池的故事，也被后人传颂。

成功并非一蹴而就，而是需要艰苦的努力和坚定的意志。只有那些勇于追求梦想、敢于面对挑战并坚持不懈的人，才能最终登上成功的巅峰。

福格行为模型

福格行为模型是由美国斯坦福大学的行为科学家福格提出的，旨在解释人类行为的改变，并用于设计促进行为改变的系统。简单来说，运用福格行为模型，可以帮助我们建立好习惯，改变坏习惯，并在此过程中增强意志力。

学霸绝招大放送

行为发生需要动机、能力和提示三要素同时发挥作用：当动机、能力和提示在同时汇聚时，行为最有可能发生。动机是行为发生的驱动力，能力是行为发生的条件和执行力，提示是行为发生的触发器。

当动机（Motivation）、能力（Ability）、提示（Prompt）同时出现，行为就会发生。

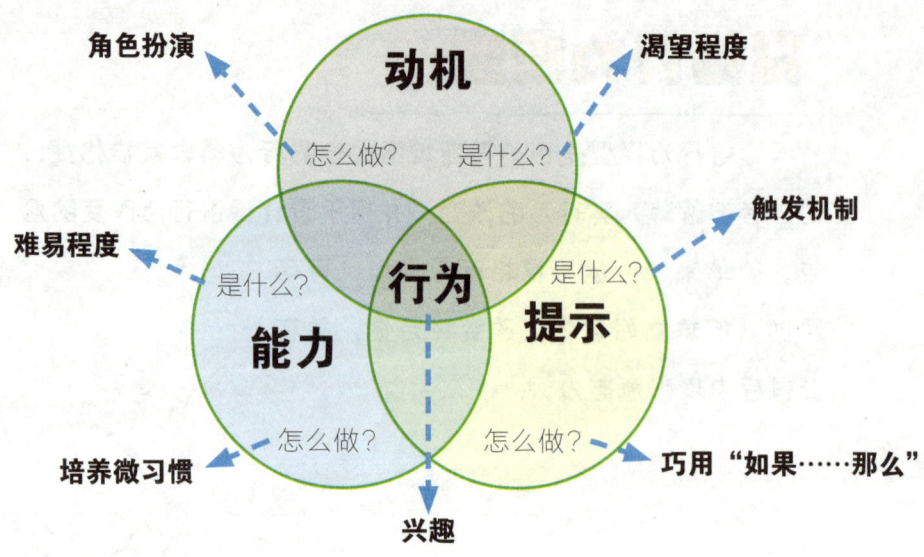

> **动机：** 对于某件事的渴望程度——想去做
> **能力：** 完成某件事的难易程度——能够做
> **提示：** 让你做某件事的触发机制——现在就去做

一个人一天的行为中，大约有5%是非习惯性的，而其他95%的行为都是习惯性的。说习惯决定命运，一点也不夸张。你的思维习惯、行为习惯都在无形中影响着你的人生。所以，该怎么养成好习惯呢？我们可以利用福格行为模型养成好习惯。

1.找到黄金行为动机

想要养成一个好习惯，第一步要做的不是逼迫自己每天行动，而是先明白你为什么要养成这个习惯，有什么好处，这就是"动机"。动机主要有三个来源：内在的，也就是你想要做的行为；和行为相关的利益或惩罚；情境和当时所处的环境。根据这三个来源，把你能想到的动机都列出来。

养成复盘的好习惯

动机：
复盘可以让知识学得更扎实。
复盘可以锻炼思考能力。
复盘可以更好地了解自己的优点和不足。

不复盘就很难发现知识漏洞。
不复盘会错失提升能力的机会。
不复盘就很难意识到自己的问题。
……

在这些动机中搜索实现愿望的黄金行为动机。绘制焦点图可以让我们快速找到黄金行为动机。

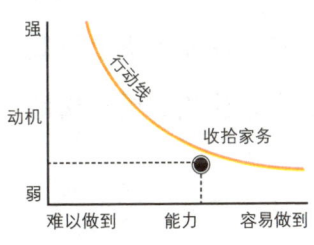 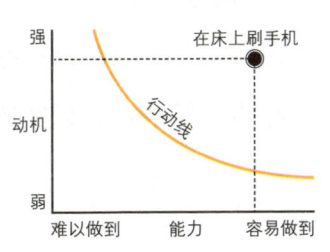 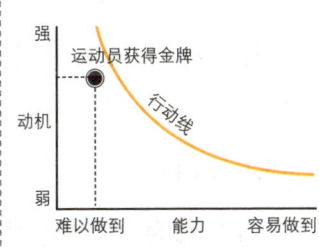

如果你有很强的能力但毫无动机，那么即使你得到提示，也不会采取行动，只会徒增烦恼。

如果行为提示位于行动线上方，那么行为就会发生。

如果你有很强的动机却没有能力，行为就会跌落到行为线下方，就算你得到提示，也会感到沮丧。

2.让具体的行为简单到顺便就能做

大部分人无法养成习惯，关键在于它对应动作的门槛太高了。想想都费劲，更别提行动了。因此，我们先要学会简化。比如，对于每日复盘这个习惯，可以先把它转化成一个简单的提问清单，直到简单得可以自问自答，就算过关了。

复盘提问清单：
1. 今天我做了哪些事？
2. 从中最大的收获是什么？
3. 怎么在之后把这个收获用起来？
……

3.提示是促使我们采取行动的关键

如果你把好不容易找到的动机抛到九霄云外了，怎么办？这时候，福格模型里的提示就像是一个小闹钟，提醒你该做某件事了。它是让我们行动起来的关键信号。比如你想每天都读课外书，那把书放在书桌上显眼的地方就是一个提示。

那怎么实施提示呢？首先，要把提示放在显眼的位置。如准备一个小本子，把每天要完成的作业写在上面，这样放学打开书包看到小本子，就能提醒自己赶紧写作业。其次，利用固定的时间来设置提示。比如把每天晚上7点定为练钢琴的时间，一到这个点，就去弹钢琴，时间久了，7点这个时间就成了练琴的提示。最后，还可以借助一些工具，像在手机上设置提醒，或者在墙上贴便笺，都能很好地帮我们实施提示，让我们更轻松地完成想做的事。

4.让行为固化成习惯

有了想做的动机，去做的能力和明确的提示，行为自然产生。再加上重复和时间，就会慢慢变成习惯。

一切习惯养成的本质

触发因素　愿意做 × 能够做　做出行为

持续足够多的次数与时间

给大脑足够的时间，创造积极的情绪，感受让你微笑的小成功。

| 你想起要执行 | 你正在执行 | 你刚刚完成 |
| 新习惯的时刻 | 新习惯的时刻 | 新习惯的时刻 |

利用福格行为模型将行为固化为习惯，意志力则在这三个要素的基础上发挥了关键作用，它帮助学习者克服障碍、维持动力、养成习惯，从而促使行为的发生和持续。好习惯积少成多就形成了强大的意志力，不要因为某件事情看似渺小就轻易放弃，因为真正的伟大成就和深远影响，往往都是由不起眼的小事汇聚而成的。古人云："合抱之木，生于毫末；九层之台，起于累土；千里之行，始于足下。"日常中的坚持与努力才能铸就最终的不凡与辉煌。

福格行为模型 应用建议

1. 在设定目标时要评估好自己的执行能力，设定目标要像爬山一样，一步一步来。

2. 便笺或闹钟会提醒我们该做什么。

3. 要认识到动机只是行为发生的一个因素，而并非唯一因素。切勿过分依赖动机（奖励或惩罚）来驱动行为，而忽视了能力（是否能做到）和提示（何时何地去做）的重要性。

漫绘时刻　　定而后能静，静而后能安，安而后能虑，虑而后能得。　　——《大学》

2 关键时刻不要输在心态上

见招拆招

刚学会的问题转头就忘，记住的知识点睡一觉就消失无踪，这种现象会引发挫败感、焦虑、专注力下降，甚至可能产生不良情绪。这些不良情绪进一步影响睡眠质量，最终影响学习、考试，形成恶性循环。尽管短暂的娱乐能暂时逃避这种痛苦，但事后往往伴随着更深的自责与焦虑，使得问题更加复杂。因此，需要找到有效的办法来打破这一恶性循环。

破一 检测心理素质

- 一见到考卷就头疼。
- 经常长吁短叹。
- 拖延入睡。
- 越临近考试越学不进去。
- 平时表现优异，一到关键时刻就"掉链子"。

攻一 提高心理韧性

- 调整呼吸，不回避。
- 脚踏实地，不勉强。
- 调动感官，转换心理。

方法藏在故事里

1928年，沈从文被聘请为中国公学的教师，时年26岁。他首次登上大学讲台时，面对众多学生，他既兴奋又紧张，导致站在讲台上长达十分钟，却未能说出一句话。他原本准备充分的授课内容，在这一刻仿佛都消失得无影无踪。

面对台下黑压压的学生，沈从文感到前所未有的压力。他试图开口，但声音却像被卡住一般，无法顺利发出。最终，他只能在黑板上写下这样一句话："我第一次上课，见你们人多，怕了。"这句话既是他当时心情的真实写照，也透露出他作为新教师的羞涩与不安。校长胡适在得知此事后，不仅没有责怪沈从文，反而以幽默的方式给予了他鼓励："上课讲不出话来，学生不轰他，这就是成功。"这句话不仅缓解了沈从文的尴尬处境，也让他感受到了来自同事和学生的支持与温暖。尽管沈从文的第一次授课以失败告终，但他的才华和努力并未因此被埋没。学生们对他的宽容和理解，以及校长胡适的鼓励和支持，都让他逐渐克服了紧张情绪，并在教学岗位上逐渐成长。

沈从文上课受挫的故事，虽然只是一段小插曲，但给我们带来了深刻的启示：在面对挑战和困难时，保持冷静和自信至关重要。

曼陀罗训练图

曼陀罗训练图是一种通过专注和深度思考来达到内心平静和精神放松的训练方式，它可以有效改善我们的情绪，缓解压力、焦虑和紧张，提高注意力和定力，增强自我意识和自我控制能力。

学霸绝招大放送

曼陀罗训练图在培养积极品质，提高专注力和记忆力，缓解焦虑等方面具有独特效果。在曼陀罗绘画中，绘画者使用的色彩越多表明内心越丰富，性格越开朗，但如果色彩超过7种就说明性格有些浮躁，喜欢表现，不会太长时间专注于一件事；绘画者使用的色彩较单一，则说明性格内向，比较专注。绘画者使用冷色调象征内向、冷静；使用暖色调象征外向、热情。

曼陀罗训练图分为结构式和非结构式。结构式曼陀罗训练图，是在给定模板的曼陀罗图形中进行涂色，具有对称性和重复性的结构特点，要求绘画者一边涂色一边思考；非结构式曼陀罗训练图，要求绘画者根据自己的喜好或脑海中出现的任意图案，在规定尺寸的图形内作画。

结构式曼陀罗训练图

非结构式曼陀罗训练图

画出你的曼陀罗训练图。

曼陀罗训练图 应用建议

1. 深呼吸可以帮助我们在绘画过程中更好地释放情感。

2. 自由大胆地表达创意，随心所欲地选择颜色、形状和线条，不必拘泥于传统审美标准。图案美观是次要的，绘画过程中的内心体验和情绪释放才是主要的。

3. 切记不要过度依赖曼陀罗训练图来解决所有焦虑和紧张，不能忽视其他有效的方式。

4. 曼陀罗训练图的主要作用是帮助我们静心、专注和释放情绪，而不是立即解决所有问题。

一旦孩子的内心有自卑感，孩子的生活就会充满冲突。　　——蒙台梭利

3 期望和赞美能产生奇迹

见招拆招

　　自信，是好性格的重要组成部分。每个人在学习和成长中，都要学会自信，就像拿破仑说的："我从来不觉得有什么事是不可能的。"当你相信自己很棒、很有价值时，你就会真的变得很棒，自信的人，身上好像有一种特别的魅力，不管是在学习还是其他方面，都能做得更好。而且，自信还能让人变得冷静、不慌张，遇到困难也有勇气去面对和解决。所以，自信真的很重要。

破 肯定自信的力量

- 是学习的重要驱动力。
- 能帮助建立良好的人际关系。
- 是形成自我价值感的重要基础。
- 能帮助勇敢地面对挑战。

攻 变得积极主动

- 成为社交小达人，在人际交往中获得自信。
- 勇敢尝试感兴趣但是又没有做过的事情，即使结果不完美，也收获了过程中的新知。
- 遇到问题不知所措时，不要责备自己，接受自己，在自我肯定中获得自信。

方法藏在故事里

一日，罗曼与五个小伙伴一起玩耍。内德突然提议："我们去征服山峰吧。""对，就现在！"一个伙伴迫不及待地响应。话音未落，他们已如离弦之箭，向着不远处那座看似平凡却暗藏挑战的小山飞奔而去。罗曼站在原地，内心犹豫不决，虽然他也渴望像伙伴们一样勇敢无畏，但恐惧让他陷入了深深的挣扎。

"来吧！"在罗曼迟疑之际，挚友杰利向他发出了坚定的呼唤，"别让恐惧占了上风。"再三犹豫后，罗曼应声答道："好，我来了！"随即跟上了他们的步伐。

汗水迅速浸透了大家的衣衫。山路崎岖不平，野草丛生。然而，小伙伴们的欢声笑语却如同魔法一般，为这片荒芜之地增添了几分生机与活力。他们兴奋地谈论着山顶可能展现的壮丽景致。那份对未知世界的好奇与向往深深感染了罗曼，让罗曼暂时忘却了身体的疲惫与内心的恐惧。

这一路，大家遭遇了诸多挑战：陡峭的斜坡考验着他们的勇气，滑落的石块让他们胆战心惊，还有不时从草丛中蹿出的小生灵，为这次探险增添了几分刺激与惊险。每当有人心生退意时，杰利总是挺身而出，用他的勇敢与自信为大家注入无限动力。每克服一个难关，每翻越一块巨石，罗曼的心中都会涌起一股难以言喻的成就感。自那以后，每当面临挑战与困境时，罗曼都会回想起那个炎热的七月以及和伙伴们共同攀登的日子。他坚信，只要勇于尝试，敢于面对困难与挑战，就没有什么是不可能完成的。

皮格马利翁效应

古希腊神话中塞浦路斯国王皮格马利翁性情孤僻，喜欢独居。他用象牙雕刻了自己心中理想女性的雕像，久而久之便对雕像产生了爱慕之情。他祈求爱神阿佛洛狄忒赋予雕像生命。爱神为他的真诚所感动，便把雕像变成了活人，将其嫁给皮格马利翁为妻。后人就把由期望而产生实际效果的现象叫作皮格马利翁效应。

学霸绝招大放送

一句"你真棒！"常常能让我们相信自己无所不能——自信释放的能量是无穷的。当我们的内心充满自信时，摆在眼前的困难好像就没那么巨大了，而是变得可以掌控，然后我们去想办法解决。自信让我们敢于尝试新事物，即使遇到困难也不轻言放弃。自信不是天生的，需要像财富一样慢慢积累，利用积极的心理暗示，不断提升自信，成为更好的自己。

没错，赞美、信任和期待具有改变行为的能量。当一个人获得他人的信任和赞美时，便会感到获得了支持，从而增强自信和自尊，积极向上，并尽力达到他人的期待。皮格马利翁效应可以帮助我们在内心搭建一个正能量圈，然后在我们的心里悄悄发挥能量。

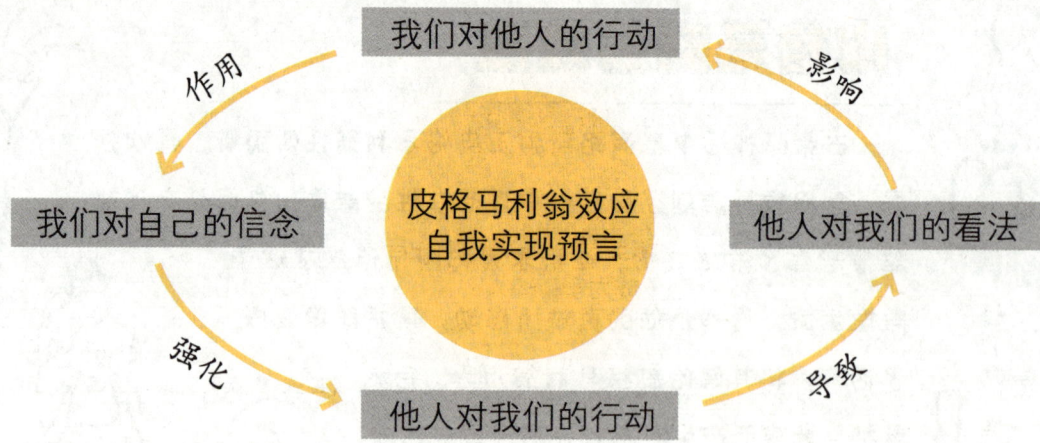

在《窗边的小豆豆》中，高桥是一个特殊的孩子，他天生身材异常矮小，极易受到他人的负面评价。为此，校长颇费苦心，在校运动会上特意设计了很多项目，非常适合矮小的高桥，让他在运动会上连夺第一，大放异彩。校长的做法不仅让高桥赢得了同学们的尊重，也让高桥获得了自信。在以后的生活中，高桥也从未因自己的缺陷而自卑，取得了很好的成就。

靠近自己的"皮格马利翁"

现实生活中，并不是所有人都能够幸运地遇到夸奖、鼓励自己的"皮格马利翁"，那么该如何自我突破困境呢？

1.学会自我觉察，意识到那些外界的否定并不一定代表真实的自己。尝试静下心来回顾自己过往的点滴成就，哪怕只是很小的一件事，也要去肯定自己的付出和努力，慢慢重建自信。

2.主动去寻找那些能给予自己正向反馈的"皮格马利翁"。美国脱口秀主持人奥普拉曾经说过一句话："远离那些试图让你感到自己不够好的人，你的光芒不应被他们的阴影所遮蔽。"

3.主动选择对自己成长更有利的环境，靠近那些经常给你正向反馈的、积极的、真诚的、欣赏你的人。因为他们往往就是我们的"皮格马利翁",他们期待的目光会让你觉得自己特别优秀,从而促使你有更多积极的行为。而这些勇敢的尝试,最终会创造一个更优秀的你。

想清楚想要成为怎样的自己	了解自己的真实想法,为自己画一幅心理画像,想清自己想要成为怎样的人。
为目标付出行动	自我激励,每天给自己一些正面暗示,比如"我相信我可以做到";发现并记录成功的经验,及时弥补不足。
通过别人反省自己	把别人对自己的看法当作参考,建立积极的社交环境,汲取正能量,遇到无法解决的问题主动寻求帮助。

皮格马利翁效应 应用建议

1. 皮格马利翁效应虽然是产生正能量的有效方法,但是过度依赖它就会带来不良后果。

2. 失败是成长不可或缺的一部分,切忌由于担心无法达到他人的期待值而产生畏惧心理,不要害怕失败。

3. 不要错误地将他人的期待误解为压力,认为这些赞赏和期待是强加给自己的负担,从而产生抵触情绪。及时沟通可以避免这个问题。

 放开手，使开胆，不复瞻前顾后。　　　　——曾国藩

4 培养成长型思维，跨越"不可能"

见招拆招

你的思维方式，决定了你的人生高度。拥有什么样的思维方式，就能拥有什么样的人生。挣扎和纠结总会出现在我们的学习和生活中，一边是"我做不到"的恐惧心理，一边是"我能行"的坚定信念。这时候，成长型思维就尤为重要了，它让我们有迎难而上的勇气，将"我做不到"向"我能做到"转变。

人生最大的遗憾不是"我不行"，而是"我本来可以"。挫折实则是一面镜子，映照出我们的心态与韧性，考验我们自我认知与成长能力。

破 发现困扰所在

- 父母的期待
- 学习的压力
- 同伴的竞争

攻 找出能量所在

- 做不到的事要如实承认。
- 注重过程而非结果。
- 接受反馈并乐于改进。

方法藏在故事里

生活中，总有一些人以非凡的毅力和不屈的精神，书写着属于自己的传奇。郭晖就是其中一个。她的故事，关于勇气、坚持和梦想。

郭晖是家中的独生女，自幼聪明伶俐，学习成绩优异，是老师和家长眼中的骄傲。然而，命运似乎总爱在人最不经意的时刻开个玩笑。一次意外让郭晖的脊柱受损，从而逐渐失去行走能力。从此，她的世界被限定在了轮椅之上。

这突如其来的打击并没有让郭晖沉沦，身体的残疾并不能成为她追求梦想的障碍。没有老师，没有同学，只有一堆堆的书籍和一台旧收音机陪伴着她。自学之路并非坦途，由于长期卧床，她的身体状况越来越差，但是她渴望知识，她用自己的方式挑战身体的极限，也挑战这命运的安排。

数年的不懈努力，让郭晖迎来了人生的高光时刻。她以优异的成绩被北京大学录取，成为该校的一名研究生。人们无法想象，一个坐在轮椅上的女孩，是如何克服重重困难，实现自己的梦想的。她用自己的经历告诉世人：只要有梦想，去坚持，就没有什么是不可能的。

郭晖的故事永远激励着我们自信、勇往直前地追寻属于自己的那片星空。

成长型思维

美国斯坦福大学的心理学家卡罗尔·德韦克提出人的思维方式分为两种，一种是成长型思维，一种是固定型思维。一个人拥有成长型思维，将乐于接受挑战，并积极地去扩展自己的能力，而这也是未来发展最需要具备的能力。固定型思维则认为个人的能力是固定的，无法改变。

学霸绝招大放送

成长型思维摒弃了固定型思维中"能力恒定，努力无用"的狭隘观念，强调积极向上的心态，认为能力可以通过努力和学习提升。没有人喜欢输，但世上无常胜将军。如果你总是输，是否会产生疑问：为什么没赢过，如何能赢……

其实，赢不是唯一的目标，更重要的是在比赛和竞争的过程中不断学习、成长和超越自我。成长型思维鼓励我们在面对失败和挫折时，不是沉溺于自我怀疑和消极情绪中，而是将其视为提升自我、锻炼意志和积累经验的宝贵机会。它告诉我们，每一次的失败都是向成功迈进的一步。只要我们保持积极的心态，勇于面对挑战，坚持不懈地努力和学习，就一定能够逐渐提升自己的能力，缩小与胜利之间的距离。

面对失败，有的人认为那是阻碍自己的困难和绊脚石，而有的人会认为那是机遇和新的起点，这就是固定型思维和成长型思维的区别。

如何建立成长型思维	
1. 接受	接受固定型思维和成长型思维是同时存在的，如实接受自己做不到的事，接受当下的自己，才能找到努力进步的起点。
2. 相信	不给自己设限，相信"相信的力量"，保持好奇心，勤于思考新事物，但不可止于空想，要脚踏实地地磨炼自己。
3. 需要	把失败或挫折看作成功路上的垫脚石，反省为何失败并避免同样的错误再次发生。
4. 建立	根据自己的特点，建立具体可行的成长型目标，自信地把一切变化看作绝佳的成长机会，随时做好成长的准备。

成长型思维 应用建议

1. 培养成长型思维是一个循序渐进的过程，需要我们去学习和实践，接受新的知识和技能，然后不断成长。
2. 反思和总结是培养成长型思维的重要方式，用"下次我可以"代替"我失败了，我很沮丧"。
3. 良好心态和自我激励是培养成长型思维的重要因素，用一个良好的心态去积极实践目标，不断自我激励，可以让我们在面对挑战时更加勇敢和自信。